au

D1924001

Fatblocker

Die neue Erfolgsdiät

südwest

Inhalt

Erbsen sind reich an Saponinen, die das Enzym Lipase hemmen. Dadurch gelangt weniger Fett in unseren Körper.

Fettaufnahme blockieren 4

Wie wirken Fatblocker? 8

Die wichtigsten Fatblocker 14

Äpfel 15

Chitosan 16

Erbsen 20

Flohsamen 22

Geißraute 24

Guarkernmehl 26

Guggulu 28

Konjacmehl 31

Malabar Tamarinde 33

Möhren 35

Sojabohnen 37

Oolong-Tee 42

Pu-Erh-Tee 45

Pektine, die z.B. in Äpfeln reichlich enthalten sind, sorgen auf natürliche Weise dafür, dass weniger Fett aus der Nahrung aufgenommen wird.

Rezepte mit Fatblockern 50

Frühstück 51

Mittagessen 57

Abendessen 68

Salate 77

Süße Snacks 88

Getränke 92

Über dieses Buch 95

Rezept- und Sachregister 96

Der Nudel-Geflügel-Salat ist ideal für eine Diät, da er wenig Fett und viele Fatblocker liefert (Rezept S. 84).

Fatblocker-Küche, die schmeckt: Fischhäppchen mit Shiitake-Pilzen, die den Cholesterinspiegel senken und lange sättigen (Rezept S. 66).

Fettaufnahme blockieren

Es gibt wohl kaum jemanden in unseren Breiten, der nicht schon eine Diät hinter sich hätte. Da die überschüssigen Fettpolster sowohl ungesund als auch ästhetisch problematisch sind, tun wir (fast) alles, um zum Idealmaß zurückzufinden. Doch die Erfolge der Mühen sind in der Regel mäßig. Es gibt allerdings Substanzen in verschiedenen Lebensmitteln, die eine Fettaufnahme vom Darm in den Körper einschränken können und damit realistische Chancen bieten, das Gewicht doch noch zu korrigieren.

Mit Bewegung und den richtigen Lebensmitteln kann jeder sein Gewicht in den Griff kriegen.

Auf und Ab mit dem Gewicht

Gleichgültig, zu welcher Diätform wir uns entschließen, am Ende stehen wir vor dem Problem, dass wir während der eigentlichen Diätkur wohl das eine oder andere Kilo abgenommen haben, dann aber wieder in den »normalen« und dabei leider oft falschen Ess- und Trinkalltag zurückkehren. Und da warten dann wieder neue Kilos auf uns. Denn unser Körper, aufgeschreckt durch die Entbehrungen aus der Diätzeit, greift nun nach jedem kalorienreichen Strohhalm, den er kriegen kann. Die Folge: Die Kilos sind schnell wieder drauf, und oft sind es sogar mehr als vor der Diät. Ein Hin und Her, das hinlänglich als »Jo-Jo-Effekt« bekannt ist und schon manchen Menschen zur Verzweiflung gebracht hat.

Richtige Essgewohnheiten antrainieren

Ernährungsexperten mahnen deshalb immer wieder davor, zu viel Hoffnung in kurzfristige Diäten zu setzen. Besser wäre es, die entsprechenden Nahrungsumstellungen langfristig in den Alltag zu übernehmen. Ein gut gemeinter Rat, der jedoch bei der Umsetzung zuweilen schwer fällt.

Abnehmen, ohne zu leiden?

Übergewichtige möchten einige Kilos abnehmen, aber dafür nicht leiden müssen. Ein durchaus verständliches Anliegen, zumal nur wenige Menschen dick sind, weil sie zu viel genießen. Im Gegenteil. Die Ursachen von Übergewicht liegen zum einen in den Erbanlagen, zum anderen genießen Übergewichtige ihr Essen weniger und verlieren auch dadurch die Kontrolle über ihre Nahrungsaufnahme. Verständlich, wenn jemand dann unseriösen Verführungen verfällt und etwa ein Mittel kauft, mit dem man angeblich zehn Kilos in zwei Wochen

info

Warum sind Fette die Hauptgegner auf dem Weg zum Wunschgewicht? Weil sie auf engem Raum viele Kalorien beherbergen, nämlich neun Kilokalorien auf ein Gramm Fett – das ist mehr als das Doppelte an Kalorien, wie man sie in Eiweißen (Proteinen) und Kohlenhydraten vorfindet.

abnehmen kann, ohne dafür zu hungern. Doch der Frust bleibt groß, denn Wundermittel gibt es nun mal nicht.

Bewusst essen

In erster Linie kommt es also darauf an, bei der täglichen Ernährung darauf zu achten, was man isst. Damit ist nicht Verzicht gemeint, sondern Genuss mit den richtigen Lebensmitteln. In unserer heutigen Zeit werden zu viele Lebensmittel angeboten, die viel Fett enthalten. Wenn die mitgelieferte Energie vom Körper nicht gleich gebraucht wird, lagert sie der Körper in den unbeliebten Fettdepots ab. Fette sind natürlich keine ausschließlich »bösen« Stoffe, die uns bloß dick machen. Ohne sie gäbe es kein Leben, denn fettlösliche Vitamine und essenzielle Fettsäuren sind für unser Stoffwechselgeschehen unentbehrlich. Zudem verschaffen sie uns Genuss, denn sie machen die Nahrung geschmeidig und sind Träger vieler Geschmacksstoffe.

→ Tipp

Fatblocker darf man keinesfalls über mehrere Monate hinweg verzehren. Außerdem muss man immer ausreichend dazu trinken. Ansonsten kann es zu massiven Verdauungsstörungen kommen.

Ein Ansatz sind Fatburner

Um den Vorgang der Ablagerung der überschüssig zugeführten Energie in Form von Fett zu unterbinden, wurden in den letzten Jahren viele Substanzen, die unter dem Begriff »Fatburner« zusammengefasst werden, auf den Markt gebracht. Diese »Fettverbrenner« sollen dafür sorgen, dass die Fettverwertung im Körper optimal funktioniert. Ihr Ziel: Die Umwandlung von Fetten in Energie, bevor sie in die Fettdepots eingelagert werden können; oder aber das Freisetzen von bereits gelagerten Fetten aus den Depots. Gerade der letztere Effekt lässt sich allerdings nur schwer in Gang setzen. Außerdem entfalten Fatburner ihre Wirkung erst, nachdem sie über den Darm in den Körper aufgenommen worden sind.

Eine ausgewogene vollwertige Kost enthält bereits viele Substanzen, die als Fatburner agieren, wie etwa die Aminosäuren Methionin und Taurin, die vitaminähnliche Substanz Carnitin sowie die Mineralstoffe Magnesium und Chrom. Auch wenn ihre Wirkung nicht immer gleich augenscheinlich ist, so tragen sie doch zu einem gut funktionierenden Ablauf der Stoffwechselprozesse bei.

Fatblocker als Alternative

Es gibt jedoch auch Substanzen, die die Fette schon im Darm daran hindern, in den Körper aufgenommen zu werden, und damit keine Gefahr mehr für die Fettpolster darstellen. Sie werden unter dem einen Namen »Fatblocker« zusammengefasst, obwohl sie sich in der Art ihrer Wirkung stark unterscheiden.
Zu den Fatblockern zählen die Ballaststoffe, vor allem die wasserlöslichen und quellfähigen Ballaststoffe aus Äpfeln, Flohsamen, Guarkern und Möhren. Andere Substanzen, wie etwa die Saponine in Hülsenfrüchten, können Enzyme hemmen, die beim Abbau von Fett tätig werden oder durch Überlistung der Gallensäureproduktion den Cholesterinspiegel im Blut senken.

Mit Verstand agieren

Zudem gibt es auch Produkte, die eine sehr genaue Aufmerksamkeit erfordern und am besten nur nach ärztlicher Verordnung als Therapiehilfe beim Abbau von Übergewicht eingenommen werden sollten. Die Informationen in diesem Buch sollen zur bewusst kritischen Begutachtung der Fatblocker beitragen.

Getreide, wie beispielsweise Gerste, liefert viele Ballaststoffe und sorgt damit für eine lang anhaltende Sättigung.

Wie wirken Fatblocker?

Um unerwünschtes Übergewicht wieder abzubauen, bedarf es des Willens, sich mit den eigenen Essensgewohnheiten auseinander zu setzen. Wir essen meist zu fettreich und bewegen uns zu wenig. Um die Aufnahme von Fett in den Körper einzuschränken, kann man sich die Natur zunutze machen. Im Mittelpunkt aller Überlegungen zu Fatblockern steht der physiologische Trick, Nahrungsfette gar nicht erst in den Körper gelangen zu lassen.

Abnehmen leicht gemacht: Fatblocker sorgen dafür, dass weniger Fett vom Körper aufgenommen wird.

Viele Wirkungen für ein Ziel

Die Wirkungsmechanismen des Fatblockings lassen sich grob wie folgt beschreiben.

Schnellere Darmpassage

Der Nahrungsbrei wird angedickt und schneller durch den Darmtrakt geschleust, mit der Folge, dass den Fetten weniger Zeit bleibt, in den Blutkreislauf überzutreten. Eine Taktik, die vor allem von Ballaststoffen eingeschlagen wird und sich in erster Linie dazu eignet, die Blutfettwerte zu senken.

Aufbau unlösbarer Verbindungen

Fette aus der Nahrung werden in Verbindungen gezwungen, aus denen sie nicht mehr so schnell herauskommen. Diesen Effekt findet man z. B. bei Chitosan, einem Produkt, das aus den Chitinhülsen von Schaltieren gewonnen wird. Saponine aus Erbsen und Bohnen sind dagegen darauf spezialisiert, Cholesterinmoleküle an sich zu binden.

Gallensäuren überlisten

Bei der Fettverdauung spielen die Gallensäuren eine wichtige Rolle. Sie durchlaufen einen Kreislauf zwischen dem Darm und der Leber. Es gibt Substanzen, wie etwa die Saponine der Bohnen, die diesen Kreislauf unterbrechen können, indem sie im Darm die aus der Leber stammenden Gallensäuren binden und sofort wieder ausscheiden. Zum einen können dadurch weniger Fette in den Körper aufgenommen werden, da die Gallensäuren durch Herabsetzung der Oberflächenspannung der Fettmoleküle dafür sorgen, dass diese von ihren Verdauungsenzymen überhaupt erst angegriffen werden können. Zum anderen wird durch das Ausscheiden der gebundenen Gallensäure die Leber dazu angeregt, vermehrt Gallensäuren nachzuproduzieren, und das gelingt ihr nur, indem sie sich aus dem Cholesterinpool des Körpers bedient. Und dies bedeutet wiederum, dass die

info

Der Stoffwechsel des menschlichen Körpers ist in seinen unzähligen einzelnen Funktionen so fein aufeinander abgestimmt, dass man sorgsam mit seinem Körper umgehen sollte. Dazu gehört eine ausgewogene Ernährung und regelmäßiger Sport.

Den Fettstoffwechsel aktiviert man am effektivsten durch eine kalorienarme Kost und sehr viel Bewegung. Natürliche Fatblocker leisten dabei Hilfestellung.

Cholesterinwerte im Blutserum abnehmen. Der »Gallensäurentrick« gehört zu den Spezialitäten von Saponinen, etwa aus Soja und Erbsen, und von wasserlöslichen Ballaststoffen, beispielweise aus Äpfeln und Orangen.

Hemmung des Enzyms Lipase

Das Enzym Lipase aus der Bauchspeicheldrüse greift in die Fettverdauung ein. Wird es in seiner Funktion gehemmt, wandern große Teile des Nahrungsfetts unverdaut an den Darmwänden vorbei. Solche Lipasehemmer gibt es auch in der Natur. Vor allem von Saponinen und wasserlöslichen Ballaststoffen ist bekannt, dass sie den Aktionsradius von Lipase einschränken. Zudem gibt es synthetisch hergestellte Lipasehemmer mit dem Wirkstoff Orlistat, die unter ärztlicher Aufsicht zur Therapiebegleitung beim Abbau von Übergewicht eingesetzt werden.

info

Ballaststoffe von Obst, Gemüse und Getreide sind ein ideales Mittel, um den Speisebrei im Darm anzudicken und damit schneller zur Ausscheidung zu bringen. Dabei verlassen auch überschüssige Fette schneller den Körper.

Enzymhemmung

Auch durch Hemmung von Enzymen, die der Körper zur Herstellung von Cholesterin benötigt, kann der gewünschte Effekt des Fatblockings erlangt werden. Hier steht die Senkung des Blutfettspiegels im Vordergrund. Dieser Mechanismus gehört zu den Spezialitäten von Tocotrienolen aus Hafer und Gerste und von Sulfiden aus Knoblauch und Zwiebeln.

Keine Umwandlung von Zucker in Fett

Durch Hemmung des Enzyms Citratlyase wird verhindert, dass überschüssige Kohlenhydrate (Zucker) in Fett umgewandelt werden. Auf diesen Effekt versteht sich vor allem die Hidroxy-Zitronensäure, der Hauptwirkstoff der Malabar Tamarinde.

Abnehmen mit Vernunft

Es gibt also verschiedene Wege, mit Fatblockern die Fettaufnahme in den Körper zu reduzieren, sei es mit natürlichen Lebensmitteln oder mit Nahrungsergänzungsmitteln. Es stellt sich deshalb die Frage, ob es vielleicht möglich ist, mit Spaß und Genuss ans Wunschgewicht zu kommen, indem man einfach nur viele Fatblocker auf den Speiseplan setzt.

Kritische Betrachtung

Diese Frage lässt sich nicht entschieden mit Ja beantworten. Uneingeschränkt empfehlenswert sind die Ballaststoffe, die man mit Obst, Gemüse und vollwertigen Getreidegerichten aufnimmt, sowie die saponinhaltigen Hülsenfrüchte. Wer sich jedoch auf Fatblocker als Nahrungsergänzungsmittel einlässt, sollte die Vernunft walten lassen. Denn nur auf die Aufnahme von Fatblockern zu vertrauen und dabei nach Lust und Laune weiterhin zu fett- und energiereich zu essen, ist langfristig keine Lösung.

Trotzdem kein Verzicht

Der Genuss braucht beim bewussten Essen nicht zu kurz zu kommen. Denn Fatblocker, wie die ballaststoff- und saponinhaltigen Lebensmittel lassen sich wunderbar zu köstlichen Gerichten verarbeiten, wie die Rezepte in diesem Buch zeigen.

Der große Vorteil von Fatblockern liegt darin, dass sie nicht nur für einen großen Sättigungsgrad und einen starken »Fatblocking-Effekt« sorgen, sondern zusätzlich den Körper mit wichtigen Vitaminen und Mineralstoffen versorgen.

Der hohe Pektingehalt des Apfels macht ihn nicht nur zu einem idealen Heilmittel bei Durchfallerkrankungen, sondern auch zu einem wichtigen Fatblocker.

Vor allem fettarm essen

Für spezielle Fatblocker wie Chitosan, Oolong, Pu-Erh und Malabar Tamarinde zeigen Untersuchungen, dass sie am besten wirken, wenn sie mit einer mäßigen Diät verbunden werden. Ihre Stärke besteht darin, Diäten erträglicher zu machen, ihre Effekte zu steigern und zu stabilisieren. Mit anderen Worten: Auch sie sind – im Gegensatz zu einigen Werbeaussagen – kein Freifahrtschein für ungezügeltes und unvernünftiges Verhalten am Esstisch.

Ernährungsfachleute empfehlen, viel Obst und Gemüse sowie Produkte aus fettarmer Milch und vollwertigem Getreide zu essen.

Diese Tabelle gibt einen Überblick über die wichtigsten Stoffe, die eine fatblockende Wirkung haben. Ab Seite 15 werden die einzelnen Fatblocker dann ausführlich vorgestellt.

Stoffe, die als Fatblocker wirken

Stoff	Chemie	Wirkungen	Herkunft	Hinweise
Chitosan	Abkömmling des Chitins, der Gerüstsubstanz von Schal- und Krustentieren. Im Gegensatz zu pflanzlichen Ballaststoffen verfügt es über eine Aminogruppe und ist positiv geladen	Unverdaulicher Ballaststoff, bindet Fett und bringt es zur Ausscheidung	Schalen von Krustentieren	Verlust fettlöslicher Vitamine und essenzieller Fettsäuren
Glucomannan	Unverdauliche Zuckerverbindung mit enormem Wasserbindevermögen	Sehr großes Quellvermögen, verkürzt die Darmpassage der Nahrung und verringert dadurch die Fettaufnahme. Senkung des Cholesterinspiegels	Konjacmehl aus den Knollen der in Japan heimischen Pflanze *Amorphophallus konjac* (Aronstabgewächs)	Unbedingt viel trinken, denn die Quellwirkung ist enorm
Guar	Wasserlöslicher Ballaststoff	Verkürzt den Aufenthalt des Nahrungsbreis im Darm, dadurch kann weniger Fett in den Körper aufgenommen werden. Hemmung des Enzyms Lipase, das die Fettverdauung mitsteuert	Guarkernmehl aus Samen der in Indien angebauten Guarbohne *Cyamopsis tetragonoloba* (Hülsenfrucht)	Bewährtes Dickungsmittel in der Küche
Guggulsterone	Hormonähnliche Substanzen	Beeinflussung des Fettstoffwechsels, wahrscheinlich über ihren Einfluss auf die Gallenflüssigkeit oder durch Anregung der Schilddrüse	Harz des Baumes *Commiphora mukul* (Myrrhegewächs)	Hierzulande nur schwer erhältlich

HCA	Hydroxy-Zitronensäure (engl. Hydroxy Citric Acid)	Hemmung des Enzyms Citratlyase bei der Umwandlung von Kohlenhydraten in Fett	Malabar Tamarinde *Garcinia cambogia* (Johanniskrautgewächs)	Nicht für Schwangere und Stillende geeignet
Pektine	Wasserlösliche Ballaststoffe, die zum Teil im Darm unter Mitwirkung von Bakterien zersetzt werden	Verdickung des Darminhalts, verstärkte Darmmotorik und damit schnelle Ausscheidung. Sie senken die Cholesterinwerte nur bei Personen mit erhöhten Blutfettwerten	Obst und Gemüse, vor allem Äpfel und Möhren	
Psyllium	Pflanzenschleime mit enormem Wasserbindevermögen. Dient in der Lebensmittelindustrie als Dickungsmittel	Aufquellen des Darminhalts, Anregung der Darmmotorik. Einfluss auf Menge und Zusammensetzung der Gallenflüssigkeit, wodurch Fettaufnahme und Cholesterinspiegel reduziert werden	Flohsamen. Samen der Pflanze *Plantago ovata* (Wegerichgewächse). Auch als Psyllium bekannt	Viel trinken, damit es nicht zum Darmverschluss kommt. Bei Diabetes mellitus nur unter ärztlicher Aufsicht
Saponine	Bitter schmeckende Stoffe, die Verbindungen mit Eiweißen und Fetten eingehen	Saponine werden von Gesunden nicht resorbiert, sondern wirken nur im Magen-Darm-Trakt. Sie hemmen das Enzym Lipase, das bei der Fettverdauung eine wichtige Rolle spielt. Senkung des Cholesterinspiegels	Hülsenfrüchte wie Kichererbsen, Sojabohnen und grüne Bohnen. Auch Spinat, Haferflocken und einige Tees (Oolong Tee und Grüner Tee)	

Wie diese Übersicht zeigt, bietet die Natur reichlich Möglichkeiten, um die Fettaufnahme in den Körper zu blockieren.

Die wichtigsten Fatblocker

Die Natur ist von sich aus reich an Lebensmitteln, die uns helfen können, die Fettaufnahme in den Körper zu reduzieren. Zu ihnen zählen viele ballaststoffreiche Nahrungsmittel, die für eine ausgewogene Ernährung schon seit Jahrzehnten von Fachleuten empfohlen werden. Dies sind vor allem die pektinreichen Obst- und Gemüsearten. Darüber hinaus gibt es Substanzen aus uns weniger bekannten Pflanzen und sogar Krustentieren, die zur Unterstützung der Gewichtsabnahme über kurze Zeiträume eingenommen werden können.

Fatblocker – ob aus den Schalen von Krebsen hergestelltes Chitosan oder grüne Bohnen – unterstützen das Abnehmen.

Äpfel

Die Stammformen der heute kultivierten Apfelsorten (*Malus domestica*) entwickelten sich aus Wildarten, die aus Kleinasien stammen. Schon 800 v. Chr. wurden Äpfel in Griechenland kultiviert. Heute kennt man weltweit über 3000 Sorten. Allein in Deutschland existieren schätzungsweise 16 Millionen Apfelbäume.

Die Wirkungen

In Bezug auf Fatblocker sind die Hauptwirkstoffe des Apfels die Pektine. Wie alle Ballaststoffe auch sorgen sie für mehr Volumen des Darminhalts. Damit wird die natürliche Darmbewegung angeregt, und der Speisebrei passiert den Darm nicht etwa langsamer, sondern sogar schneller in Richtung Ausscheidung. Dadurch gelangen weniger Fette aus dem Darm in den Körper.
Wissenschaftler fanden heraus, dass Pektine erhöhte Cholesterinwerte im Blut senken können, indem sie bestimmte Gallensäuren an sich binden und sie dadurch daran hindern, in die Cholesterinsynthese einzugehen. In einer Wiener Studie aus dem Jahre 1991 verabreichte man Patienten mit hohen Blutfettwerten ein Präparat aus Apfelpektin. Ihr Blut zeigte bereits nach sechs Wochen einen um 30 Prozent verringerten Wert an schädlichem LDL-Cholesterin, der Wert der nützlichen, die Blutadern reinigenden HDL-Fraktionen war hingegen angestiegen.

Ohne Bedenken

Als Nahrungsmittel sind vom Apfel kaum Nebenwirkungen zu befürchten. Einige Menschen reagieren allerdings allergisch auf ihn.

info

Immer wieder kommen in reißerischer Aufmachung Schlankheitsmittel mit Apfelpektinen auf den Markt. Sie sind meistens stark überteuert. Allerdings haben sie den Vorteil, dass man weniger Zeit braucht, um durch ihren Verzehr auf eine ordentliche Portion Pektine zu kommen. Kulinarisch haben sie natürlich gegenüber einem knackigen Apfel nichts zu bieten.

Anwendung und Dosierung

Äpfel enthalten die meisten Biostoffe in der Schale. Allerdings sitzen dort auch die meisten Schadstoffe und Allergene. Deshalb ist es sinnvoll, grundsätzlich Äpfel aus biologischem Anbau zu kaufen und sie für Allergiker zudem zu

Aus den Schalen von Krustentieren wird Chitosan, ein wirksamer Fatblocker, gewonnen.

Die ersten Untersuchungen zu den diätetischen Effekten von Chitosan wurden bereits in den 30er Jahren unternommen. Im Zuge der aufkommenden Pharmazie geriet es dann jedoch in Vergessenheit.

schälen. Dosierungsbeschränkungen gibt es beim Apfel natürlich keine, im Gegenteil, mindestens ein Apfel pro Tag ist sehr zu empfehlen. Man kann also getrost so viele Äpfel essen, wie einem bekömmlich sind.

Einkauf

Zu den wichtigsten einheimischen Apfelsorten zählen Cox Orange, Discovery, Geheimrat Oldenburg, Golden Delicious, Goldparmäne, Gravensteiner, James Grieve, Jonagold, Kaiser Wilhelm, Ontario, Roter Boskoop und Weißer Klarapfel. Am besten ist es, sie im Bioladen oder von Bauern zu kaufen, die ihr Obst in kontrolliert-ökologischem Anbau erzeugen, auch wenn sie etwas kleiner und vielleicht nicht so formschön sind. Denn Äpfel aus dem konventionellen Handel haben in der Regel eine regelrechte »Chemiegeschichte« hinter sich, bis sie in den Handel kommen. Üblich sind eine Spritzung nach dem Winter, zwei zur Vorblüte, eine bei der Blüte, zwei nach der Blüte und eine gegen Obstmaden. Falls der Apfel vor dem Verkauf dennoch eine braune Schale andeuten sollte, erhält er schließlich noch ein Tauchbad in Antioxidanzien.

Chitosan

In den USA zählt Chitosan zu den Rennern unter den Diäthilfen. Einige Anbieter versuchten das aus Schalen von Krustentieren hergestellte Präparat auch bei uns durchzusetzen. Doch mit ihren spektakulären Ankündigungen wie »Fettfresser« und »Abnehmen, ohne zu hungern« alarmierten sie die Überwachungsbehörden, mit der Konsequenz, dass einige Präparate von der Bildfläche verschwanden. Dennoch soll Chitosan an dieser Stelle diskutiert werden, um den Wissensbedarf zu decken.

Was ist Chitosan?

Chitosan wird aus den Schalen von Krustentieren wie Krabben und Krebsen gewonnen und ist ein chemischer Abkömmling des Chitins. Es hat bereits eine gewisse Tradition als Hilfsstoff in der Herstellung von Kosmetika und Arzneimitteln, als Fatblocker wurde es jedoch erst in den letzten Jahren bekannt. Durch seine positive ionische Ladung bindet er im Darm die negativ geladenen Fette und bringt sie zur Ausscheidung.

Die Wirkungen

Als langkettiger Faserstoff ist Chitosan selbst unverdaulich und führt damit dem Körper keinerlei Kalorien zu. Dennoch nimmt es bei seinem Gang durch die Verdauungswege eine Menge Platz ein und sorgt so für eine kalorienfreie Füllung von Magen und Darm – eine Füllung, die den Appetit drosselt und auf diese Weise die Nahrungszufuhr einschränkt.
Die eigentliche Stärke von Chitosan liegt jedoch darin, die Fettaufnahme aus dem Darm in den Körper zu hemmen. Das dichte Fasernetz von Chitosan besitzt eine enorme Fähigkeit zur Bindung von Fett. Eine Fähigkeit, die fünf- bis zehnmal so hoch ist wie bei anderen fettbindenden Faserstoffen, z. B. Pektin, Guar oder Konjac. Chitosan nimmt also große Mengen des Nahrungsfetts auf, um es dann unverdaut an den Darmwänden vorbeizumogeln. Ein einfacher, aber wahrscheinlich gerade deswegen so effektiver Trick, um Körpergewicht zu verlieren.

Meinung der Wissenschaft

Die deutsche Arzneimittelkommission spricht Chitosan kategorisch alle gewichtsreduzierenden Effekte ab. Dennoch existieren zahlreiche Studien, die zumindest Hinweise auf das Gegenteil geben, wie etwa eine Untersuchung aus dem Jahre 1994, durchgeführt an der Ars Medicina im finnischen Helsinki. Hier erhielten übergewichtige Patienten eine typische »abendländische«, aber kalorienreduzierte Kost aus 40 Prozent Fett, 40 Prozent Kohlenhydraten und 20 Prozent Eiweiß. Die eine Hälfte der Patienten erhielt zusätzlich ein Plazebo (Scheinmedikament), die andere 1800 Milligramm Chitosan. Nach

info

Noch ist nicht vollständig geklärt, wie die fettbindende Kraft von Chitosan eigentlich zustande kommt. Dass sie aber da ist, steht außer Frage. So führt Chitosan bis zu 50 Prozent des aufgenommenen Nahrungsfetts an der Verdauung vorbei. Bei Guar liegt die Quote bei 6 und bei den Pektinen von Apfel und Möhre bei 7,5 Prozent.

vier Wochen zeigten die Chitosan-Patienten einen durchschnittlichen Gewichtsverlust von 7,5 Kilogramm, bei der Plazebogruppe lag der Gewichtsverlust bei lediglich 2,5 Kilogramm. Allerdings gaben relativ viele Teilnehmer das Experiment frühzeitig auf. Zwei weitere Studien bekräftigen die Ergebnisse der finnischen Forscher. In einer englischen Untersuchung aus dem Jahre 1999 konnten hingegen keinerlei gewichtsreduzierende Wirkungen für Chitosan festgestellt werden, allerdings wurden die Versuchsteilnehmer auch nicht aufgefordert, eine spezielle Kost einzuhalten. Diese Methode birgt den Nachteil, dass unkalkulierbare Störgrößen aus der täglichen Ernährung zu einer Verfälschung der Ergebnisse führen könnten – denn wer weiß schon, was die Testpersonen zu Hause so alles essen? Die Methode hat aber auch einen Vorteil, nämlich den, dem normalen, diätlosen Alltag eines Übergewichtigen am nächsten zu kommen. Ein »Abnehmen, ohne zu hungern« scheint also auch mit Chitosan nicht möglich zu sein.

Fazit

Die wissenschaftliche Datenlage zu Chitosan ist zwar nicht eindeutig, aber sie gibt durchaus Hinweise darauf, dass der »Fatblockertrick« von Chitosan tatsächlich funktioniert. Was fehlt, ist eine Studie mit vielen Patienten, die über einen längeren Zeitraum durchgeführt wird und unter streng kontrollierten Versuchsbedingungen abläuft.

Nebenwirkungen

Als negative Begleiterscheinungen sind zu nennen, dass Chitosan sowohl die Aufnahme von essenziellen Fettsäuren und fettlöslichen Vitaminen verhindert als auch die Zufuhr von Kalzium einschränkt. Schwangeren und stillenden Frauen wird deshalb grundsätzlich von der Einnahme von Chitosan abgeraten, denn Mütter und Kinder sind in besonderem Maße auf die Zufuhr von fettlöslichen Vitaminen und mehrfach ungesättigten Fettsäuren angewiesen.

→ Tipp

Um auf Nummer Sicher zu gehen, empfiehlt sich eine Einnahme von Chitosan nur unter ärztlicher Aufsicht.

Warnung

Wer Chitosan einnimmt und gleichzeitig damit fortfährt, große Portionen an fettem Fleisch zu vertilgen, muss mit Durchfällen und Fettstühlen rechnen. Diese Nebenwirkungen haben allerdings auch einen positiven Lerneffekt, denn sie sind so unangenehm, dass man sich mit Sicherheit überlegt, den Fettverzehr für die Zukunft doch etwas zu reduzieren. Wer allergisch auf Schaltiere reagiert, darf Chitosan auf keinen Fall einnehmen.

Anwendung und Dosierung

Chitosan sollte nur unter ärztlicher Aufsicht eingenommen werden, etwa als begleitende Therapiemaßnahme. Chitosan wirkt am besten, wenn es mit einer mäßig fettreduzierten Kost kombiniert wird, die reichlich Vitamine und Mineralien in Form von Milchprodukten, Obst und Gemüse enthält. Der Verzehr von Kohlenhydraten muss nicht eingeschränkt werden, denn es sind ja die Fette und nicht die Zuckeranteile, die Chitosan an der Verdauung vorbeischleust. Äußerst wichtig ist allerdings, dass während der Chitosankur ausgiebig getrunken wird; die Menge sollte mindestens zwei Liter betragen. Die empfohlene Aufnahmedosis von Chitosan liegt bei höchstens 2 bis 2,5 Gramm pro Tag, aufgeteilt auf die einzelnen Mahlzeiten. Chitosan sollte man keinesfalls vor jeder Mahlzeit einnehmen und die Einnahme auf höchstens sechs Wochen beschränken.

Angebot

Bei uns wird Chitosan als Nahrungsergänzungsmittel verkauft, einige Produkte ereilte aber das Schicksal, von den Überwachungsbehörden als Arzneimittel eingestuft zu werden. Weil aber die betreffenden Mittel nicht die Voraussetzungen zu einem Verkauf als Medikament mitbringen (vor allem, weil klinische Studien zu ihrer behaupteten Wirksamkeit fehlen), sind sie »nicht verkehrsfähig«, d. h., sie müssten eigentlich aus dem Verkehr gezogen werden.

info

Der Effekt von Chitosan steigert sich durch die gleichzeitige Aufnahme von Vitamin C. Aus diesem Grund gehen einige Hersteller dazu über, auch Kombipräparate der beiden Stoffe auf den Markt zu bringen.

Kritisch betrachten

Der Verbraucher wird durch das Hin und Her von behördlichen Akten und immer wieder neuen Chitosanprodukten verunsichert. Vor allem fragt er sich, inwieweit die hierzulande erhältlichen Chitosanprodukte ihm tatsächlich helfen können, seine Gewichtsprobleme in den Griff zu bekommen. Eine Frage, die nicht abschließend beantwortet werden kann. Hier bleibt also immer ein Restrisiko, das einzugehen der Verbraucher mit sich selbst ausmachen muss.

Saponine, die reichlich in Hülsenfrüchten enthalten sind, können den Blutfettspiegel senken.

Einkauf

Bevorzugen Sie in jedem Fall Präparate, die von einem Hersteller stammen, der über eine lange Erfahrung in der Herstellung von Arznei- und Nahrungsergänzungsmitteln verfügt und von Apothekern als seriös eingestuft wird. Lassen Sie sich immer von geschultem Personal beraten.

Erbsen

Erbsen (*Pisum sativum*) aus der botanischen Familie der Hülsenfrüchte findet man fast überall auf der Welt. Geerntet werden ihre eiweiß- und stärkehaltigen Samen. Die kugelrunde Erbse – Inbegriff für vollendete Form und Kraft – galt lange Zeit als Fruchtbarkeitssymbol. Heute zählt sie zum Standardgemüse und wird praktisch das ganze Jahr angeboten. In Deutschland setzen sich immer mehr die Tiefkühlerbsen durch.

Kleine Eiweißbomben

Erbsen brillieren mit einem Eiweißprofil, das dem Bedarf des Menschen sehr entgegenkommt. Sie bilden also einen guten Fleischersatz, und dadurch helfen sie schon indirekt dabei, die Fettaufnahme zu reduzieren.
Der Proteingehalt grüner, junger Erbsen liegt bei etwa 6,5 Gramm auf 100 Gramm Frischsubstanz. Bei reifen Früchten ist er sogar noch deutlich höher, wobei diese allerdings mit großem Säureüberschuss ausgestattet und schwer verdaulich

sind. Junge und deshalb noch grüne Erbsen sind daher als Heil- und Nahrungsmittel vorzuziehen.

Reich an fatblockenden Saponinen

Wie alle Hülsenfrüchte enthalten auch Erbsen große Mengen an Saponinen. Diese Stoffgruppe wird von uns nur in geringem Maße resorbiert, somit beschränken sich ihre Wirkungen vornehmlich auf den Magen-Darm-Trakt. Dort wirken sie in geringer Intensität Krebs hemmend, immunregulierend, entzündungshemmend und vor allem auf Pilze antibiotisch.

Gegen Blutfettwerte

Von größerer Bedeutung ist jedoch ihre Wirkung auf den Cholesterinspiegel, der von ihnen auf dreifache Weise gesenkt wird:

- Auf direktem Wege zwingen Saponine die Cholesterinmoleküle, mit ihnen unlösliche Komplexe zu bilden, die nicht in den Blutkreislauf gelangen können. Sie hängen also gewissermaßen das Cholesterin an die Leine, so dass es aus dem Blutkreislauf fern gehalten wird.
- Auf indirektem Wege wirken Saponine cholesterinsenkend, indem sie auch die primären Gallensäuren in unlösliche Komplexe mit sich zwingen. Die Leber wird dadurch gezwungen, sich zur Herstellung der Gallensäuren aus dem Cholesterinpool zu bedienen. Klar, dass auch dadurch der Cholesterinspiegel im Blut nach unten gedrückt wird.
- Saponine wirken zudem als Hemmer des Enzyms Lipase. Dieser Stoff spielt eine zentrale Rolle bei der Fettverdauung. Wird er gehemmt, gelangt weniger Fett in unseren Körper.

Aufpassen bei Gicht

100 Gramm grüne Erbsen enthalten 28 Milligramm Purine. Ihr tatsächlicher Einfluss auf den Harnsäurespiegel des Menschen ist jedoch erheblich geringer als der von Fleisch, in dem sich neben den Purinen auch noch Substanzen befinden, die das Ausscheiden

→ Tipp

Tiefkühlerbsen enthalten fast so viele Biostoffe wie die Frischware. Sie sind verzehrfertig, sollten also nur kurz bei schwacher Hitze gedünstet, keinesfalls über längere Zeit gekocht werden.

Kichererbsen (*Cicer arietinum*) weisen den höchsten Gehalt an Saponinen auf. In Indien, Pakistan, in der Türkei, in Nordafrika und Spanien sind sie ein Volksnahrungsmittel. Bei uns bekommt man sie in gut sortierten Lebensmittelmärkten oder in südländischen Läden.

der Harnsäure aus dem Körper blockieren. Zudem enthalten Erbsen große Mengen an Molybdän, das als Bestandteil des Enzyms Xanthinoxidase höhere Harnsäurewerte im Blut verhindert. Für gesunde Menschen sind Erbsen daher kein Problem. Gichtkranke oder Gichtgefährdete, bei denen gehäuft Gichtfälle in der Familie aufgetreten sind, sollten Erbsen jedoch nur gelegentlich und in nicht zu großer Menge essen.

Anwendung und Dosierung

Erbsen sind in der Küche vielfältig einsetzbar. Als altbewährtes Nahrungsmittel existieren für sie keine exakten Dosierungsvorschriften und keine Beschränkungen. Erbsen kann man als frische, Tiefkühl-, Dosen- oder Trockenware kaufen.

Flohsamen

Flohsamen kennt man in Deutschland meist nur als Medikament gegen Verstopfung und Hämorrhoiden. In den USA werden sie jedoch bereits anderen ballaststoffreichen Nahrungsmitteln wie beispielsweise Frühstücksflocken zugesetzt, weil man ihre positiven Wirkungen auf den menschlichen Fetthaushalt schätzen gelernt hat.

Herkunft

Flohsamen sind die Früchte südlicher Wegerichpflanzen. Vor allem die Samen von *Plantago ovata* haben einen hohen Schleimstoffgehalt. Die Pflanze wächst überwiegend im Iran sowie in Pakistan und Indien, wo sie auch in großem Stil angebaut wird.

Die Wirkungen

Flohsamen sind die Hauptlieferanten von Psyllium, einem wasserlöslichen Ballaststoff, der auch den Pflanzenschleimen zugerechnet wird. Allein letztere Bezeichnung verweist auf das enorme Wasserbindevermögen von Psyllium, das deswegen in der Lebensmittelindustrie auch als Verdickungsmittel eingesetzt wird. Denn ein Gramm Psyllium bindet nach einer

info

In Deutschland gibt es noch keine mit Psyllium (Flohsamen) angereicherten Lebensmittel zu kaufen. Denn juristisch ist noch nicht klar definiert, ob Psyllium als natürlich vorkommender Pflanzeninhaltsstoff oder aber als Zusatzstoff eingestuft werden muss.

Stunde 140 Milliliter Wasser. Ihrem Ruf als Fatblocker werden Flohsamen auf zweifache Art gerecht. Zum einen üben sie einen Einfluss auf Menge und Zusammensetzung der Gallenflüssigkeit aus, wodurch die Fettaufnahme und folglich der Cholesterinspiegel reduziert werden. Mehrere Studien belegen eine Senkung des Cholesterinspiegels durch Psyllium um bis zu 15 Prozent, parallel dazu kommt es oft zu einer deutlichen Gewichtsabnahme. Zum anderen quellen ihre Schleimstoffe im Darm auf, wodurch sich die Stuhlmenge vergrößert und durch die angeregte Darmbewegung der Nahrungsbrei kürzer im Darm verweilt.

Voraussetzung für beide Effekte ist allerdings, dass der Ballaststoff nicht isoliert in Form von Präparaten, sondern am besten naturnah als Bestandteil eines ballaststoffreichen Nahrungsmittels aufgenommen wird. Hier zeigt sich wieder einmal, dass natürliche Wirkstoffe im isolierten und konzentrierten Zustand nicht so effektiv sind, wie wenn man sie im natürlichen Verbund mit anderen Wirkstoffen verabreicht.

Mögliche Nebenwirkungen

In seltenen Fällen können Flohsamen zu allergischen Reaktionen führen. Ansonsten gilt eine Aufnahme von bis zu 20 Gramm in reichlich Flüssigkeit aufgelösten Flohsamen pro Tag als unbedenklich. Allerdings: Bei Darmverschluss dürfen Flohsamen nicht zum Einsatz kommen, da sie die Stuhlmenge erhöhen. Außerdem verzögern sie die Wirkung von gleichzeitig eingenommenen Medikamenten. Lassen Sie daher nach dem Flohsamenverzehr erst einmal eine Stunde verstreichen, bevor sie ein Arzneimittel einnehmen.

Anwendung und Dosierung

Psyllium bzw. Flohsamen sind neutral im Geschmack und dadurch vielfältig einsetzbar. In den USA sowie in Kanada und Australien gibt es bereits psylliumangereicherte Frühstückscerealien und Müslis zu kaufen. Bei uns ist man noch auf Flohsamen pur angewiesen. Soweit nicht anders verordnet, lässt man ein- bis zweimal täglich höchstens zehn Gramm Samen (zwei Teelöffel) mit 200 Milliliter

Flohsamen wirken nicht nur auf den Fettstoffwechsel, sondern auch auf die Darmtätigkeit. Sie gehören zu den effektiven Medikamenten bei Verstopfung und Hämorrhoiden.

Wasser oder Fruchtsaft vorquellen und trinkt das Gemisch. Danach muss man sehr reichlich nachtrinken, damit es nicht zu ernsten Darmbeschwerden kommt.

Einkauf

In Deutschland gibt es, im Unterschied zu den USA, noch keine mit Psyllium angereicherte Nahrungsmittel. Bei uns kann man die ganzen Samen und die bloßen Samenschalen kaufen. Man erhält sie in Apotheken, Naturkostläden und Drogerien. Mitunter werden Flohsamen auch mit anderen Verdauungshilfen kombiniert angeboten.

info

Die Geißraute wird auch unter anderen Namen geführt, wie Galega, Ziegenraute, Geißklee, Bockskraut, Fleckenkraut, Pockenraute oder Suchtkraut. Viele Namen weisen deutlich darauf hin, dass die Heilpflanze zu den Lieblingsspeisen der Ziegen gehört.

Geißraute

Die Geißraute hat eine lange Tradition als Heilmittel gegen Diabetes. In den letzten Jahrzehnten geriet sie hierzulande leider in Vergessenheit, nicht zuletzt auch deshalb, weil die pharmazeutische Industrie mit der »dritten Generation« antidiabetischer Mittel endlich auch Wege gefunden hat, den Blutzuckerspiegel ohne massive Nebenwirkungen zu senken. Eine Studie erbrachte jedoch Hinweise darauf, dass die Geißraute auch bei Übergewicht helfen kann.

Herkunft

Die Geißraute (*Galega officinalis*) wächst in Mittel-, Süd- und Osteuropa. Die größten Anbauländer sind Ungarn, Polen und Bulgarien. Therapeutischen Nutzen erzielt man mit den hellgrünen Fiederblättchen, die getrocknet und zerkleinert werden.

Die Wirkungen

Hauptwirkstoff der Geißraute ist das so genannte Galegin. Dieser Wirkstoff konnte in Laborexperimenten seine blutzuckersenkenden Eigenschaften unter Beweis stellen. In jüngerer Zeit werden die antidiabetischen Wirkungen der Geißraute aber auch mit ihren Chromsalzen in Verbindung gebracht. Denn Chrommangel kann die Entstehung von diabetischen Erscheinungen begünstigen.

Erfolge bei Tierversuchen

Wissenschaftler der Universität Glasgow wiesen aber noch einen weiteren Effekt von Galega nach. Sie stellten fest, dass Mäuse, denen man ein Galegaextrakt verabreichte, selbst bei reichhaltigem Nahrungsangebot einen schwächeren Hunger zeigten als jene Tiere, die normal verköstigt wurden. Das Körpergewicht der Tiere nahm ebenfalls deutlich ab, und eine nachträglich vorgenommene Gewebeanalyse zeigte, dass sie vor allem an Fett verloren hatten. Diese Ergebnisse können deutliche Hinweise auf gewichtsreduzierende Effekte von Galega sein. Bleibt freilich festzuhalten, dass die Ergebnisse von Laborexperimenten nicht ohne weiteres auf den Menschen übertragbar sind und auch nicht bekannt ist, auf welche konkrete biochemische Weise Galega die Körperfettdepots angreift. Andererseits existieren zahlreiche Berichte aus der Volksmedizin, dass die Geißraute bei Diabetikern nicht nur deren Blutzuckerprobleme, sondern auch deren Übergewicht unter Kontrolle brachte.

Mögliche Nebenwirkungen

Der Verzehr von Geißrautentee gilt als risikoarm. Zu den positiven Nebenwirkungen gehört, dass er Blähungen lindert und bei stillenden Müttern die Milchbildung anregt.

Anwendung und Dosierung

Die Anwendung erfolgt am besten über Geißrautentee. Dafür einen gehäuften Teelöffel getrocknete Blätter mit einer Tasse (etwa 200 Milliliter) kochendem Wasser überbrühen, 10 bis 15 Minuten ziehen lassen und danach abseihen.
Trinken Sie davon zwei Tassen pro Tag, am besten zu den Mahlzeiten.

Fatblockende Wirkung haben nicht die schönen Blüten der Geißraute, sondern ihre Blätter, aus denen ein Tee zubereitet werden kann.

Einkauf

Getrocknete Geißrautenblätter erhalten Sie in Apotheken. Daneben gibt es noch einige Kombinationspräparate, in denen Galega verarbeitet ist. Die Präparate sind in der Regel für Diabetiker und nicht ganz unproblematisch in der

Einschätzung ihrer Wirkungen. Wer also mit der Geißraute lediglich seine Diät unterstützen will, sollte auf den Tee zurückgreifen.

Guarkernmehl

Guar wirkt als starker Appetithemmer. Es macht satt, ohne dass viel dazu gegessen werden muss. Für eine Diät ist solch ein Effekt natürlich nur nützlich.

Guarkernmehl hat in der Lebensmittelindustrie eine lange Tradition als Dickungsmittel. Es wird Backspeisen und Fertiggerichten zugesetzt, weil es Wasser an sich bindet und dadurch Flüssigkeiten eine sämige Konsistenz verleiht. Wissenschaftliche Studien belegen zudem, dass es auch als Fatblocker wirken kann.

Herkunft

Guarkernmehl wird aus den Samen der Guarbohne (*Cyamopsis tetragonoloba*) gewonnen. Die Pflanze wird überwiegend in Pakistan und Indien angebaut. Sie gehört zu den Hülsenfrüchten.

Natürlicher Blocker gegen Fettaufnahme

Guarkernmehl besteht überwiegend aus wasserlöslichen Ballaststoffen, die eine starke Wirkung auf unseren Fettstoffwechsel ausüben. Sie sorgen in erster Linie dafür, dass der Nahrungsbrei in unserem Darm voluminöser und gleichzeitig dickflüssiger wird. Die Folgen: Der Nahrungsbrei verweilt kürzer im Darm, dem dadurch weniger Zeit bleibt, Fette herauszuziehen und sie unserem Körper zuzuführen.

Hemmung des Enzyms Lipase

Darüber hinaus binden die Guarballaststoffe Kalzium und Gallensäuren an sich, und diese beiden Substanzen werden für die Arbeit des Enzyms Lipase benötigt. Lipase wiederum zählt zu den wichtigen Verdauungshilfen von Fetten: Je geringer die Lipaseaktivität, desto weniger Fette gelangen in unseren Körper. Mit anderen Worten: Guar zieht dem Enzym Lipase gewissermaßen den chemischen Boden unter den Füßen weg und arbeitet als Lipase- und somit als Fettaufnahmehemmer. Ein Prinzip, das auch die pharmazeutische Industrie dazu nutzt, um Arzneimittel zu gewinnen, die Übergewicht reduzieren. Guarkernmehl ist dagegen eine echte natürliche Alternative, die außerdem noch weniger kostet.

Klinische Studien

Die positiven Effekte von Guarkernmehl auf den Cholesterin- und Triglyzeridspiegel im Blut sind klinisch belegt. Auch für seine gewichtsreduzierenden Wirkungen existieren wissenschaftliche Hinweise, allerdings muss der Ballaststoff dazu in recht großen Mengen zugeführt werden – und das ist möglicherweise nicht ganz unproblematisch.

Mögliche Nebenwirkungen

Als Zusatz in normalen Speisen gehen von Guarkernmehl keine sonderlichen Risiken aus. Das Allergierisiko ist gering, und es enthält auch kein Gluten, das bei einigen Menschen zu großen Verdauungsproblemen führen kann. Wer Guarkernmehl einnimmt, muss jedoch viel trinken, mehr als zwei Liter alkohol- und koffeinfreie Flüssigkeit pro Tag. Denn der Superballaststoff bindet sehr viel Wasser. Die Einnahme von Guarkernmehlpräparaten provoziert Blähungen und Druckgefühl im Bauch. In jedem Fall verbietet sich der gleichzeitige Verzehr von alkoholischen Getränken, da diese Kombination zu gefährlichen Verklumpungen im Magen- und Darmtrakt führen kann. Hoch dosiertes Guar kann außerdem die Wirkung bestimmter Medikamente wie etwa Penizillin verzögern.

info

Als löslicher Ballaststoff verlangsamt Guarkernmehl die Resorption von Glukose und bewirkt dadurch ein länger anhaltendes Sättigungsgefühl. Folglich verspürt man nicht so schnell wieder der Hunger.

Anwendung und Dosierung

Guarkernmehl kann man einfach über die Gerichte geben. Eine Überdosierung ist hier so gut wie ausgeschlossen: Denn wer zu viel Guar in seine Speisen streut, macht sie ungenießbar.

Einkauf

Guarkernmehl erhält man in Lebensmittelgeschäften oder Naturkostläden. Guarpräparate gibt es in Apotheken; diese jedoch nur nach Anleitung einnehmen.

Guggulu

Guggulu, auch Guggul oder Indische Myrrhe genannt, besitzt in der asiatischen Heilslehre des Ayurveda eine lange Tradition. Sein Harz wurde zu unterschiedlichen Behandlungszwecken verwendet, von der Arthritis über Hautentzündungen und Knochenentzündungen bis zu Fettstoffwechselstörungen und Übergewicht.

Herkunft

Guggulu (*Commiphora mukul*) zählt zu den Myrrhegewächsen. Der Baum wächst in Nordindien, Pakistan und Bangladesch. Typisch für ihn ist seine aschfarbene Rinde, die sich in kleinen Rollen vom Stamm ablösen lässt. Therapeutisch genutzt wird das Gugguluharz. Es wird geerntet, indem man vom Fuß des Baumstamms etwas Rinde abschält und dort einen Schnitt setzt. An dieser Stelle läuft dann das Harz heraus, um wenig später zu bräunlich gelben Tropfen zu gerinnen. Diese Tropfen werden dann einfach vom Baumstamm abgekratzt.
Die Gugguluernte beginnt im November und dauert bis Ende Januar. Ein Baum liefert etwa ein Kilogramm Harz.

info

Gugguluharz schmeckt aromatisch-bitter, sein Geruch erinnert an Aceto balsamico. In Indien wird es aufgrund seiner durchblutungsfördernden Schärfe auch in Form von Pflastern gegen Rheuma eingesetzt – ähnlich wie die bei uns üblichen ABC-Pflaster.

Typische Gugguluwirkstoffe

Hauptwirkstoffe von Guggulu sind seine Steroide, die so genannten Guggulsterone. Zwei der Guggulsterone scheinen für die cholesterin- und gewichtsreduzierenden Wirkungen des Harzes verantwortlich zu sein, nämlich die E- und die Z-Guggulsterone. Dass sie in den Fettstoffwechsel eingreifen, ist mittlerweile wissenschaftlich dokumentiert. Über ihre genauen Wirkungsmechanismen herrscht hingegen noch keine Klarheit. Einige Laborexperimente weisen darauf hin, dass Guggulsterone über ihren Einfluss auf die Gallenflüssigkeit die Fettaufnahme reduzieren. Möglich ist aber auch, dass sie direkt die Arbeit der Schilddrüse und damit gewissermaßen den hormonellen Fettabbau anregen.

In einer weiteren Laborstudie wurde außerdem festgestellt, dass Guggulu bestimmte Rezeptoren in der Leber sensibilisiert und sie auf diese Weise dazu anregt, mehr LDL-Cholesterin aus dem Körper zu ziehen.

Ayurveda

Die erste Arbeit zu Guggulu und seinem Einfluss auf den Fettstoffwechsel erschien im Jahre 1966. Es war eine Dissertationsschrift an der Banaras Hindu Universität in Indien, von einem jungen Forscher namens Satyavati. Er hatte in alten Ayurvedaschriften geblättert und dabei festgestellt, dass dort schon auf einen Zusammenhang zwischen Übergewicht und Arteriosklerose hingewiesen wurde, obwohl man damals noch gar nicht die technischen Apparaturen zu solchen Erkenntnissen besaß. Die ayurvedischen Ärzte hatten aber beobachtet, dass sich bei Patienten, denen Gugguluharz verabreicht wurde, nicht nur der Zustand der Blutgefäße verbesserte, sondern auch ihr Übergewicht reduzierte. Guggulu wurde verstärkt untersucht.

Zahlreiche Untersuchungen

Untersuchungen an übergewichtigen Kaninchen mit erhöhten Cholesterinspiegeln deuteten ebenso auf einen Zusammenhang zwischen Blutgefäßerkrankungen und Übergewicht hin und waren Anlass zu weiteren Studien, die auch an Menschen durchgeführt wurden.

Wirkungsvolle Cholesterin- und Fettbremse

Die Antifettwirkung von Gugguluharz ist klinisch vielfach belegt. Demnach führt eine tägliche Dosis von 10 bis 15 Gramm nach drei Monaten im Blut zu einer Cholesterinsenkung von bis zu 25 und zu einer Triglyzeridsenkung von bis zu 30 Prozent. Die ersten Verbesserungen am Blutfettspiegel treten nach etwa zwei Wochen ein.

Gewichtsreduktion

Die bemerkenswerteste Studie zu Guggulu und seinem Einfluss auf das Körpergewicht stammt aus dem Jahre 1995, durchgeführt am Swami Prakashananda Ayurveda Research Centre in Bombay. Hier wurden 58 übergewichtige Patien-

Satyavatis Erkenntnisse beeindruckten auch andere Forscher. Guggulu fand nun den Weg in groß angelegte Forschungsprojekte.

ten in zwei Gruppen eingeteilt: Die eine wurde dazu angehalten, sich kalorienarm zu ernähren und 30 Minuten täglich einen strammen Spaziergang zu machen, die andere Gruppe erhielt zusätzlich ein Gugguluextrakt. Nach 30 Tagen zeigte sich in beiden Gruppen eine deutliche Gewichtsreduktion. Die Guggulu-Patienten hatten jedoch um durchschnittlich 0,6 Kilogramm mehr an Körpermasse verloren, und die über 90 Kilogramm schweren unter ihnen zeigten Gewichtsverluste, die um 2,25 Kilogramm höher waren als in der Diät- und Spaziergängergruppe.

info

Gugguluharz senkt nicht nur die Blutfettwerte, es hemmt auch die Neigung der Blutplättchen, sich in den Adern zusammenzuklumpen. Beide Effekte machen Guggulu zu einem der wirkungsvollsten Naturheilmittel gegen Herzinfarkt und andere Folgeerkrankungen der Arteriosklerose.

Schlussfolgerungen

Dieses Ergebnis belegt, wie wirkungsvoll uns Guggulu beim Abspecken unterstützen kann. Eines sollte jedoch nicht vergessen werden: Guggulu wurde in der Bombaystudie nicht solo, sondern im Rahmen eines Bewegungs- und Diätprogramms eingesetzt. Seine große Stärke liegt also offenbar darin, diese beiden klassischen Methoden zur Gewichtsreduktion zu unterstützen. Ein Mittel, um trotz aller Ernährungssünden an Gewicht zu verlieren, ist es jedoch nicht. Darin liegt aber keinesfalls eine Schwäche von Guggulu, sondern seine besondere Seriosität. Denn er kommt nicht als Wundermittel daher – nach dem Motto: »Essen Sie wie bisher, und verlieren Sie trotzdem zehn Kilogramm in vier Wochen!« –, sondern als ein pflanzliches Medikament, das uns im Rahmen des Machbaren dabei unterstützen kann, unsere Gewichtsprobleme in den Griff zu bekommen. Eine an Vitaminen und Mineralstoffen reiche, ausgewogene, fettarme Ernährung sollte dabei die Basis sein.

Mögliche Nebenwirkungen

Guggulu ist arm an Nebenwirkungen, vor allem seine Extrakte besitzen eine gute Verträglichkeit. Selten werden Hautausschlag, Kopfschmerzen, Aufgeregtheit, Durchfall oder Magenverstimmungen beobachtet, und auch die nur über einen kurzen Zeitraum. Leber- und Nierenfunktionen, Blutzucker und Blutbild werden durch Guggulu – im Unterschied zu vielen anderen Cholesterinsenkern – nicht negativ beeinflusst.

Anwendung und Dosierung

Die richtige Dosierung hängt davon ab, wie hoch der jeweilige Guggulsterongehalt einer Zubereitung ist. Für die Behandlung von Übergewicht und Fettstoffwechselstörungen werden meist 75 Milligramm Guggulsterone empfohlen, verteilt auf drei Portionen pro Tag. Für die üblichen Extrakte mit 5 Prozent Gehalt an Guggulsteronen bedeutet dies umgerechnet dreimal 500 Milligramm täglich. Für gereinigtes Äthanolextrakt, das aus unverarbeitetem Guggulpulver gewonnen wurde, werden als Tagesration 3 bis 6 Gramm, für das unverarbeitete Harz selbst 5 bis 15 Gramm empfohlen, ebenfalls verteilt auf drei Portionen. Das unverarbeitete Pulver wird am besten in einem Glas Fruchtsaft aufgelöst.

Einkauf

Gugguluharz fristet in Deutschland immer noch ein Außenseiterdasein. Man findet es lediglich in einigen Ayurvedageschäften, bei denen man es zum Teil auch per Internet bestellen kann.

Aus den Wurzeln der exotischen Pflanze Amorphophallus konjac wird der Fatblocker Konjacmehl gewonnen.

Konjacmehl

Als Nahrungsmittel mit extrem hohem Bindungsvermögen von Fett und Wasser besitzt Konjacmehl in Asien eine lange Tradition in der Behandlung von Fettstoffwechselstörungen. Wissenschaftliche Studien deuten darauf hin, dass man mit Hilfe von Konjacmehl erhöhte Blutfettwerte regulieren kann.

Herkunft

Konjacmehl stammt von den Wurzeln der asiatischen Pflanze *Amorphophallus konjac* aus der Familie der Aronstabgewächse. Sie wird in Vietnam, China und Japan sowie auf den Philippinen angebaut.

Gewinnung

Die Wurzeln werden im August aus der Erde genommen, trocken gelagert und im März des nächsten Jahres wieder eingegraben. Diese ganze Prozedur wird bis zu viermal wiederholt. Am Ende hat man ein Lebensmittel vor sich mit einer enormen Dichte, das also bei geringem Volumen ein hohes Gewicht aufweist. Die Wurzeln werden vermahlen und können dann entweder pur als Nahrungsergänzungsmittel oder aber als Mehlbeigabe zu Saucen, Desserts oder Backwaren verwendet werden.

→ Tipp

Neben Guar und Flohsamen gehört Konjacmehl zu den Ballaststoffen, die ein enormes Bindevermögen für Wasser und Fett besitzen. Bei ihrer Einnahme muss generell viel getrunken werden.

Die Wirkungen

Mit seinem hohen Gehalt an dem unverdaulichen Polysaccharid Glucomannan besitzt Konjacmehl eine enorme Quellfähigkeit. Es bindet außergewöhnlich große Mengen an Wasser und Fetten an sich. Die Einflüsse von Konjacmehl auf den Fettstoffwechsel sind durch zahlreiche Studien dokumentiert, die letzten stammen aus den Jahren 1999 und 2000. Hier konnte an Diabetikern eindrucksvoll gezeigt werden, dass Konjac den Cholesterinspiegel nach achtwöchiger Anwendung um bis zu 10 Prozent senkt, außerdem kam es zu einer Senkung des Blutdrucks um bis zu 7 Prozent. Diese beiden Faktoren tragen dazu bei, das Risiko von Herz-Kreislauf-Erkrankungen zu senken, wie sie typisch für übergewichtige Menschen sind. Das Körpergewicht selbst wird allerdings durch Konjac nicht beeinflusst. Konjac sorgt jedoch für eine starke Sättigung, und dadurch wird die Nahrungsaufnahme reduziert.

Vorsicht ist geboten

Durch seine hohe Wasserbindefähigkeit zieht Konjacmehl extrem viel Flüssigkeit an sich. Deshalb ist es unerlässlich, bei seiner Anwendung sehr viel zu trinken. Wie bei allen anderen quellenden Ballaststoffen müssen Sie unbedingt mindestens zwei Liter Flüssigkeit pro Tag dazu trinken, am besten Mineralwasser, verdünnten Saft oder Früchtetee.

Mitunter wird auch diskutiert, dass Konjac aufgrund seiner starken Fettbindung die Aufnahme von fettlöslichen Vitaminen behindert, klinische Belege liegen dazu jedoch nicht vor. Deshalb sollte man begleitend regelmäßig viel Obst und Gemüse verzehren.

Anwendung und Dosierung

Wie alle Nahrungsergänzungsmittel sollte Konjacmehl vernünftig verwendet werden. Die Dosierung sollte höchstens zweimal täglich einen Teelöffel, in 200 Milliliter Saft aufgelöst, betragen. Nach der Einnahme noch ein Glas Mineralwasser trinken. Fraglich bleibt, ob man Konjac in dieser Weise langfristig in den Speiseplan einbauen kann, da Konjac pur beileibe keine kulinarische Bereicherung darstellt und man immer ein wenig den Eindruck hat, ein Stück Pappe zu essen. Zur kurzfristigen, bis zu vier Wochen langen Unterstützung einer ärztlich begleiteten Diät kann es aber durchaus Sinn machen. Als Lebensmittel eignet sich Konjacmehl als Beigabe zu Desserts, Müslis und Backwaren.

Einkauf

Konjacmehl gibt es in japanischen Feinkostgeschäften sowie in Naturkostläden. Mitunter wird es auch in Form von Präparaten angeboten, hier auch oft in Kombination mit anderen angeblichen Cholesterinsenkern und Schlankmachern. Diese Kombinationen machen jedoch nur selten Sinn und sind außerdem sehr teuer.

Konjacmehl kann man allen Speisen zusetzen, die gebunden oder eingedickt werden sollen, wie etwa Saucen und Mehlschwitzen.

Malabar Tamarinde

Garcinia erfreut sich in den USA großer Beliebtheit als Appetithemmer. In Deutschland werden ihre Zubereitungen als Nahrungsergänzungsmittel geführt, wobei nach Meinung der Arzneimittelkommission keine Diätvorteile dadurch erreicht werden. Doch es gibt Übergewichtige, denen sie beim Abnehmen geholfen hat. Auch die wissenschaftliche Datenlage gibt Hinweise darauf, dass Garcinia bei der Gewichtsreduktion helfen kann.

info

Im angloamerikanischen Sprachraum wird die Malabar Tamarinde auch »Brindleberry« genannt, was zu Deutsch so viel wie »Scheckige Beere« bedeutet.

Herkunft

Der zur botanischen Familie der Johanniskrautgewächse gehörende Baum Malabar Tamarinde (*Garcinia cambogia)* wächst in Südasien, vor allem in Thailand und Indien. Seine Früchte spielen dort eine wichtige Rolle in der Ernährung von Mensch und Tier. Die Rinde enthält große Mengen an Hydroxy-Zitronensäure (engl. Hydroxy Citric Acid, abgekürzt HCA), ein Stoff, der in unserem Organismus die Synthese von Fettsäuren verlangsamt. In der indischen Küche werden geriebene Garciniaschalen gern dem Essen zugesetzt, um den Mahlzeiten eine frische orangegelbe Farbe und einen höheren Sättigungsgrad zu verleihen.

info

Die Erfahrungen und wissenschaftlichen Daten zu Garcinia zeigen Widersprüchliches. Während einige Menschen begeistert von schnellen Erfolgen beim Abnehmen berichten, sind wieder andere maßlos enttäuscht.

Garcinia besitzt ihre größten Chancen zur Gewichtsreduktion bei Menschen, die viel Süßes essen. Wer allerdings viel Fleisch und Wurst auf seinem Speiseplan stehen hat, darf kaum auf Erfolg hoffen.

Hemmung der Fettneubildung

Hauptwirkstoff der Malabar Tamarinde ist die Hydroxy-Zitronensäure, HCA. Sie wirkt als Hemmer eines Enzyms mit dem Namen Citratlyase. Dieser Stoff spielt eine Hauptrolle bei dem Prozess, überschüssige Kohlenhydrate in Fett umzuwandeln. Er hemmt also nicht die direkte Aufnahme von Fetten, sondern deren Neubildung aus überschüssigen Kohlenhydraten. In der Fachsprache wird dieser Prozess De-Novo-Lipogenese genannt. Garcinia wirkt also nicht als Fatblocker der ersten Instanz, indem sie die Fettaufnahme aus der Nahrung blockiert, sondern als Fatblocker der zweiten Instanz, indem sie den Körper daran hindert, überschüssige Kohlenhydrate in Fett umzuwandeln.

Hilfe für Naschkatzen

Garcinia kann also nur dann helfen, wenn das Übergewicht durch große Mengen an Süßigkeiten und anderen zuckerreichen Speisen wie Kuchen und anderen Backwaren hervorgerufen wird. Wer jedoch seine Gewichtsprobleme dem übermäßigen Fleisch- und Wurstkonsum und der dementsprechenden Zufuhr an Fetten verdankt, wird mit Garcinia kaum Chancen auf Erfolg haben.

Mögliche Nebenwirkungen

Mitunter kommt es zu einer deutlichen Hemmung des Appetits – ein Nebeneffekt, der beim Abnehmen durchaus erwünscht ist. Ansonsten gilt Garcinia als sicheres Nahrungsergänzungsmittel. In einigen Fällen wurde eine Überempfindlichkeit gegenüber Zitronensäure beobachtet.

Anwendung und Dosierung

Die Anwendung erfolgt meist über Präparate aus dem Handel. Die empfohlene Dosis liegt bei 1000 bis 1500 Milligramm HCA pro Tag.

Einkauf

Garcinia gibt es in allerlei Präparaten zu kaufen, leider auch von unseriösen Herstellern. Man erhält sie in Apotheken, Drogerien und Naturkostläden und natürlich auch im immer beliebter werdenden Internetversand. Misstrauen Sie grundsätzlich Produzenten, die von »garantierten Effekten bei der Gewichtsreduktion« oder »schmelzenden Fettzellen« sprechen. Je sachlicher der Werbetext, desto besser. Lassen Sie außerdem die Finger von Kombipräparaten, etwa Garcinia in Kombination mit Chrom und L-Carnitin. Für diese Zusammensetzungen existieren keinerlei wissenschaftliche Belege.

Möhren

Die Möhre begleitet uns von frühester Kindheit an. Möhrenmus bildet bei fast allen Babys die erste feste Nahrung, die sie zu sich nehmen. Und auch später gehört die Möhre zu unserem Standardgemüse. Allerdings könnte es aus medizinischer Sicht durchaus mehr sein. Viele Fettstoffwechselstörungen wären vermeidbar, wenn die Menschen mehr und regelmäßiger Möhren essen würden.

Möhren sind reich an Pektinen, die den Blutfettspiegel erfolgreich senken können.

Herkunft

Die zur botanischen Familie der Doldenblütler gehörende Möhre (*Daucus carota*) wird auch Mohrrübe oder, als junge Frühmöhre, Karotte genannt. Mit Ernten von weltweit annähernd 14 Millionen Tonnen pro Jahr ist die Möhre eine der beliebtesten Gemüsearten.

info

Wie andere Ballaststoffe auch erhöhen die Pektine der Möhre die Geschwindigkeit, mit der der Nahrungsbrei durch Dünn- und Dickdarm geschoben wird. So bleibt auch weniger Zeit, Fett zu resorbieren.

Gute Stimmung

Möhren enthalten große Mengen an Folsäure. Dieses B-Vitamin wird für die Produktion unserer Glückshormone benötigt – ohne Folsäure keine gute Laune. Insofern unser Glücksempfinden auch darüber entscheidet, was und wie viel wir essen, sollte auch dieser Aspekt beim Kampf gegen überschüssige Pfunde nicht vernachlässigt werden. Junge Möhren enthalten auf 100 Gramm etwa 28 Mikrogramm, ältere nur noch 12 Mikrogramm Folsäure.

Radikalefänger

Möhren sind die Könige unter den Karotinlieferanten. 100 Gramm Möhren enthalten durchschnittlich 7900 Mikrogramm Beta-Karotin, 3600 Mikrogramm Alpha-Karotin und 260 Mikrogramm Lutein und Zeaxanthin. Der Gehalt ist bei älteren Pflanzen höher als bei jungen. Karotinoide gelten als effektive Radikalefänger, sie entfernen also aggressive Sauerstoffteilchen aus unserem Gewebe. Dadurch übernehmen sie einen wichtigen Schutz gegen Arteriosklerose, bei der ja neben erhöhten Cholesterinwerten auch die Angriffe von freien Radikalen eine Rolle spielen. Darüber hinaus bilden sie teilweise die Vorstufe zu Vitamin A, dem wichtigen Biostoff für eine ausreichende Produktion an Sexualhormonen, gesunde Schleimhäute und Augen sowie einen gut funktionierenden Immunapparat.

Reich an Pektinen

Pektine zählen zu den Ballaststoffen, und ihre therapeutische Wirkung auf erhöhte Blutfettwerte ist wissenschaftlich belegt. Möhren zählen zu den ergiebigsten Pektinlieferanten. In einer Studie konnten bei Patienten mit erhöhten Blutfettwerten deutliche Besserungen erzielt werden, indem man ihnen 200 Gramm Möhren pro Tag auf den Speiseplan setzte. Nicht zu vergessen schließlich, dass Möhren einen hohen Sättigungsgrad erzeugen und den Appetit beeinflussen: Wer viel Möhren isst, verspürt weniger Appetit auf Fleisch und andere fetthaltige Speisen.

Anwendung und Dosierung

Als Verzehrsempfehlung gibt es hier keine Beschränkungen, im Gegenteil, jeder sollte sehr viele Möhren und andere Gemüsesorten essen. Möhren sollte man immer in Verbindung mit wenig hochwertigem Öl anrichten, um die fettlöslichen Vitamine aufnehmen zu können. Es ist jedoch nicht nötig, täglich Möhren zu essen. Denn neben den Möhren gibt es genügend andere Nahrungsmittel mit fettaufnahmehemmenden Ballaststoffen, wie etwa Bohnen, Kichererbsen und Äpfel.

Mögliche Nebenwirkungen

Aufgrund ihrer Wasserlöslichkeit werden die Pektine der Möhre im Darm teilweise von Bakterien abgebaut. Dabei entstehen blähungsfördernde Gase wie Methan und Kohlendioxid.

Angebot

Möhren sind das ganze Jahr über verfügbar. Die ersten Frühmöhren haben einen geringen Karotingehalt. Vom Sommer bis zum Herbst ist Haupterntezeit.

Sojabohnen

Die Sojabohne wurde wahrscheinlich schon vor 5000 Jahren in China angebaut. Doch erst im Jahre 1712 gelangte sie über Ostasien nach Europa. Von hier aus startete sie zu einem Triumphzug als gesundes Nahrungsmittel, der sie bis in die USA brachte, wo sie mittlerweile hinter Baumwolle, Mais und Weizen zu den wichtigsten landwirtschaftlichen Pflanzenerzeugnissen zählt.

Herkunft

Die Sojapflanze (*Glycine max*) gehört zu den Hülsenfrüchten. Ihre Wildform stammt wohl aus Ostasien. Heute wird sie in fast allen mäßig warmen Gebieten der Erde angebaut. Der Sojastrauch wird bis zu einem Meter hoch.

Sojaspeisen versorgen uns langfristig mit Energie. Deshalb eignen sie sich als Kost für Menschen, die körperlich oder geistig lange und intensiv arbeiten müssen.

Ein kalorienarmer Eiweißlieferant

Als Eiweißlieferant ist die Sojabohne allen Fleischsorten und auch anderen tierischen Eiweißlieferanten wie Milch, Käse und Hühnerei weit überlegen. Sie enthält auf 100 Gramm durchschnittlich 36 Gramm hochwertiges Eiweiß, und das, ohne – wie beim Fleisch – mit gesundheitsschädlichen Stoffen wie zugesetzten Hormonen oder Medikamenten sowie Cholesterin und gesättigten Fetten belastet zu sein. Allerdings fehlt es dem Eiweißprofil von Soja an der Aminosäure Methionin, doch dieser Mangel kann durch Kombinationen mit Sojagetreide oder Sojajoghurt ohne Schwierigkeiten behoben werden.

info

Sojabohnen enthalten zwar überdurchschnittlich viel Kalzium, doch das Mineral wird durch seine Verbindungen an Phytinsäure daran gehindert, von unserem Darm resorbiert zu werden. Deshalb kann auch bei reichhaltiger Sojazufuhr nicht auf den Verzehr von Milch, Milchprodukten oder anderen kalziumhaltigen Nahrungsmitteln verzichtet werden.

Kalorienarme Energiequelle

Sojabohnen und Sojamehl enthalten etwa 16 Prozent Kohlenhydrate, die überwiegend aus komplexen Zuckermolekülen und Zuckerarten (Stachyose, Arabinose, Galaktan) bestehen, die auch von Diabetikern verwertet werden können.

Cholesterinsenkendes Lezithin

Lezithin gehört zu den wichtigen Bestandteilen des Zellstoffwechsels. Der Stoff wird für die Fettverwertung benötigt, hohe Dosierungen an Lezithin senken den Cholesterinspiegel. Darüber hinaus gilt es als »Frischmacher« der Seele, da es die Neuronen im Gehirn funktionsbereit hält.

Saponine

Wie alle Hülsenfrüchte enthalten auch Sojabohnen große Mengen an Saponinen. Im Sojaquark Tofu sind die Biostoffe allerdings kaum noch enthalten. Ihre größte Wirkung haben Saponine im Hinblick auf den Cholesterinspiegel, den sie von drei Seiten angreifen.

- Auf direktem Weg zwingen Saponine die Cholesterinmoleküle, mit ihnen einen unlöslichen Komplex zu bilden, der nicht in den Blutkreislauf gelangen kann.

- Auf indirektem Weg wirken Saponine cholesterinsenkend, indem sie auch die primären Gallensäuren in unlösliche Komplexe mit sich zwingen. Zur Bildung neuer Gallensäuren greift die Leber auf das körpereigene Cholesterin zurück und senkt dadurch den Cholesterinspiegel im Blut.
- Saponine hemmen das Enzym Lipase, das entscheidend zur Fettverdauung beiträgt. Die Folge davon ist, dass eine nicht unerhebliche Menge an Nahrungsfetten im Darm nicht verdaut und wieder ausgeschieden wird.

Positive Wirkungen

In Sojabohnen paaren sich die cholesterinsenkenden Eigenschaften der Saponine mit den cholesterinsenkenden Eigenschaften des Lezithins und dem hohen Anteil an fettarmem Eiweiß. Deshalb gehören Sojabohnen und ihre natürlichen Produkte zu den Nahrungsmitteln, die in besonderem Maße zur Vorbeugung und Therapieunterstützung von Übergewicht sowie Arteriosklerose und deren Folgeerkrankungen geeignet sind.

Mögliche Nebenwirkungen

100 Gramm Sojabohnen enthalten 65 Milligramm Purine. Ihr tatsächlicher Einfluss auf den Harnsäurespiegel des Menschen ist jedoch erheblich geringer als der von Fleisch, in dem sich neben den Purinen auch noch Substanzen befinden, die das Ausscheiden der Harnsäure aus dem Körper blockieren. Außerdem enthalten Sojabohnen große Mengen an Molybdän, das als Bestandteil des Enzyms Xanthinoxidase höhere Harnsäurewerte im Blut verhindert. Für alle gesunden Menschen sind Sojabohnen daher kein Problem. Gichtkranke oder Gichtgefährdete – das sind Personen, bei denen gehäuft Gichtfälle in der Familie aufgetreten sind – sollten Sojabohnen hingegen meiden und alternativ auf Tofu ausweichen, der mit 21 Milligramm pro 100 Gramm wesentlich weniger Purine enthält.

→ Tipp

Sojabohnen enthalten nur sehr wenig Wasser, bei ihrem Verzehr sollte daher ausgiebig Flüssigkeit getrunken werden, beispielsweise mit Mineralwasser verdünnter Fruchtsaft. Beim Tofu ist darauf nicht zu achten, denn er ist mit 85 Gramm Wasser auf 100 Gramm Frischgewicht relativ wasserreich.

Vorsicht vor Soja-Mogelpackungen!

Mit ihrem Siegeszug in die Küchen erfuhr die Sojabohne gleichzeitig eine Menge an Veränderungen und Verarbeitungen, die nicht immer positiv waren. So wird sie mittlerweile in zahlreiche Industrieprodukte eingearbeitet wie etwa Toastbrot, Frittierfett, Mayonnaisen, Fischkonserven, Süßwaren, Babynahrung, Brotaufstrichen und Speiseölen – und der Verbraucher erfährt entweder nichts davon, oder aber ihm wird mit dem Zusatz »Soja« suggeriert, dass es sich dabei um ein gesundes Produkt handelt. Soja wurde ein etabliertes Produkt der Lebensmittelindustrie und damit auch zum Produkt von Manipulationen. Der Begriff »Sojafleisch« beispielsweise soll suggerieren, dass es sich dabei um einen eiweißreichen und gesunden Fleischersatz handelt. In Wirklichkeit handelt es sich dabei um ein denaturiertes Kunstprodukt, bei dem das Sojaeiweiß mittels einer Lauge aus dem Sojamehl herausgelöst und danach in ein Säurefallbad gepresst wurde, damit es auch schön fest bleibt. Und Sojasauce hat nichts mit dem gesunden Sojaöl gemein, sondern brilliert durch ihren immens hohen Kochsalzgehalt. Die reichhaltige Verwendung der Sojasauce wird in Japan für die dort vorherrschende hohe Ziffer an Bluthochdruckpatienten verantwortlich gemacht.

Aus Sojabohnen werden die unterschiedlichsten Produkte hergestellt: Sojasauce, Tofu, Miso, Sojamilch ...

Empfehlenswerte Sojaprodukte

Zu den gesunden Sojaprodukten gehören hingegen Sufu, Tempeh, Tofu, Sojamilch und Miso, das allerdings viel Salz enthält und daher nicht für Bluthochdruckpatienten geeignet ist.

Anwendung und Dosierung

Soja ist ein traditionelles Nahrungsmittel, dementsprechend gibt es dafür keine präzisen Dosierungsrichtlinien. Versuchen Sie einfach, so oft wie möglich Sojaprodukte anstelle von Fleisch in Ihren Speiseplan einzubauen.

Einkauf und Verwendung

- Sojabohnen sollten beim Kauf keinen Schädlingsbefall und eine glatte Oberfläche zeigen. Sie dürfen keinesfalls im rohen Zustand gegessen werden, da hierbei Enzyme aktiv werden, die zu Blutverklumpungen führen können.
Vor dem Kochen die Sojabohnen bis zu 12 Stunden einweichen, um die Schale abzulösen. Danach mit frischem Wasser in einen Dampftopf geben und in 20 Minuten gar kochen. Die gekochten Bohnen können zu Bratlingen verarbeitet oder als Salat angerichtet werden.
- Sojamehl ist von gelblicher Farbe und schmeckt angenehm süß und etwas nach Nüssen. Das Mehl ist der Originalbohne sogar in einigen Vitalstoffwerten wie etwa Eisen überlegen, sein Vitamingehalt ist jedoch geringer.
- Sojamilch wird aus Wasser und gequollenen, zerkleinerten und gekochten Sojabohnen hergestellt; im Handel auch als »Sojagetränk« oder »Sojadrink« erhältlich. Sie ist sehr bekömmlich sowie erfrischend und eignet sich auch zur Herstellung von Sauermilchgetränken und Tofu. Sojamilch eignet sich durchaus als Milchersatz, da durch das lange Kochen und Quellen die Phytinsäure unschädlich gemacht wird, die ansonsten beim Verzehr von Sojabohnen die Kalziumaufnahme blockiert.
- Tofu wird aus heißer Sojamilch, die mit dem natürlichen Gerinnungsmittel Nigari versetzt wird, hergestellt. Tofu zählt in Asien zu den Grundnahrungsmitteln, allein in China werden jährlich eine halbe Million Tonnen Sojabohnen zu Tofu verarbeitet. Tofu ist fett- und kalorienarm, cholesterinfrei und leicht verdaulich. Er sollte immer möglichst frisch verzehrt werden. Mittlerweile existieren auch hierzulande eine Reihe von Tofuereien, in denen der Sojaquark in Bioqualität hergestellt wird.
- Tempeh, eine Sojaspezialität aus Java, findet auch bei uns immer mehr Liebhaber. Beim Tempeh werden die Sojabohnen mit einem Schimmelpilz vergoren. Tempeh schmeckt würziger und enthält

info

Frischen Tofu bewahrt man nach Öffnen der Verpackung am besten unter einer täglich zu erneuernden Wasserschicht im Kühlschrank auf. Vergessen Sie jedoch nicht, dass bei jedem neuerlichen Wässern wichtige Biostoffe verloren gehen!

mehr Eiweiß als Tofu. Beim Braten in Olivenöl gewinnt er deutlich an Aroma.

- Miso ist eine unter Anwesenheit von Milchsäurebakterien und Schimmelpilzen vergorene Paste aus Sojabohnen, Salz und einer Getreideart. Miso beeindruckt nicht nur durch die heilenden Kräfte der Sojabohne, sondern auch durch die Wirkungen der Milchsäurebakterien. So unterstützt es die Darmflora und kann die Entwicklung von Krebstumoren im Darm hemmen. Durch den hohen Salzgehalt eignet sich Miso jedoch nicht für Bluthochdruckkranke.
- Für Sufu werden Tofuwürfel eine Stunde lang in eine Kochsalz-Zitronen-Lösung gelegt. Danach werden sie mit Heißluft bei 100 °C pasteurisiert. Bestimmte hinzugefügte Pilzarten sorgen dann dafür, dass sich der Tofu in den Sufu-Käse verwandelt; die Ausreifung dauert allerdings bis zu einem Jahr. Der Sojakäse ist recht cremig und eignet sich nach dem Mittagessen zum pikanten Nachtisch.

Oolong-Tee

Im Unterschied zu Grünem und Schwarzem Tee ist Oolong-Tee bei uns nur wenig bekannt. Mitunter wird er mit Pu-Erh verwechselt, mit dem er jedoch nichts gemein hat außer dem botanischen Ursprung. Geschmacklich besitzt er eine ganz eigene malzig bis nussige Note, weder schmeckt er nach Gras wie viele Grüntees, noch ist er so herb wie Schwarzer Tee.

Herkunft

Der halbfermentierte Oolong-Tee stammt wie Grüner und Schwarzer Tee von dem Teestrauch (*Camellia sinensis*) aus der botanischen Familie der Teebaumgewächse ab. In der Zubereitung steht er genau zwischen den beiden: Seine Blätter werden kurz angewelkt bzw. anfermentiert. Die Kunst des Anwelkens ist freilich eine recht spezielle, Oolong zählt daher zu den kulina-

→ Tipp

Kaufen Sie Miso, das fermentierte Sojaprodukt in Pastenform, am besten in Naturkostläden, denn diese Ware wird auf natürliche Weise hergestellt. Produkte aus Japan enthalten zuweilen eine Reihe von bei uns unerwünschten Zusatzstoffen.

rischen Spezialitäten der Tees. Er kommt vor allem aus China und Vietnam.

Gegen hohes Cholesterin und Übergewicht

Der Oolong-Tee gilt in China und Vietnam traditionell als Vorbeuge und Therapiehilfe gegen Übergewicht. Seine blutfettsenkende Wirkung bei fetthaltiger Kost konnte im Tierexperiment bestätigt werden. Hauptverantwortlich für diesen Effekt sind vermutlich seine Tannine, da sie die chemische Umwandlung von Fetten in den Leberzellen zu hemmen vermögen. Japanische Forscher fanden in einem Versuch mit übergewichtigen Mäusen heraus, dass Oolong-Tee bei fetthaltiger Kost hilft, das Gewicht unter Kontrolle zu halten. Fraglich ist allerdings, welcher seiner Wirkstoffe für diese Wirkung zuständig ist. Andere Studien erbrachten Hinweise darauf, dass für diesen Effekt zum Teil das altbekannte Koffein verantwortlich ist. Es besitzt im halbfermentierten Oolong-Tee eine andere chemische Aktivität als etwa in Kaffee oder auch in Grünem Tee. Offenbar regt das Oolong-Koffein in besonderem Maße die Fettverbrennung an.

Hemmung der Fettaufnahme

Von noch größerer Bedeutung sind aber wahrscheinlich die Saponine des Oolong. Sie hemmen fettaufspaltende Enzyme unserer Bauchspeicheldrüse mit der Folge, dass ein Teil der verzehrten Fette einfach unverdaut über den Darm ausgeschieden wird. Auf diese Weise wirkt Oolong also als klassischer Fatblocker, er verringert die Fettaufnahme unseres Körpers.

info

Der halbfermentierte Oolong-Tee zeigt je nach Fermentationsgrad Farben von Hellgrün bis Orangerot. Sein Geschmack ist kräftig und erinnert ein wenig an Malz. Seinen Ruf als Fatblocker verdankt er seinen Tanninen.

Mögliche Nebenwirkungen

Aufgrund seiner Tannine hemmt Oolong die Aufnahme von pflanzlichem Eisen. Vegetarier sollten also beim Oolong etwas zurückhaltender sein – aber als Diäthilfe ist der Tee ohnehin eher etwas für Fleischesser. Auf die Aufnahme von Eisen aus tierischer Kost hat Oolong keinen Einfluss.

Die Dosis

Wer in den Genuss der gesundheitlichen Vorzüge des Oolong-Tees kommen will, sollte mindestens vier Tassen à 150 Milliliter davon trinken. Nach oben wird die Teemenge durch das Koffein begrenzt, das in hohen Dosierungen zu Nervosität und Schlaflosigkeit führen kann. Generell gelten sechs bis sieben Tassen à 150 Milliliter täglich auch in Hinblick auf das Koffein als unproblematisch. Wer sich aus einer Portion Teeblättern mehrere Aufgüsse bereitet, kann auch mehr als einen Liter trinken, da die Menge an Koffein in Zweit- und Drittaufgüssen deutlich reduziert ist.

info

Milch hat in Oolong-Tee nichts zu suchen. Sie beeinträchtigt sowohl seinen Geschmack als auch die Wirkung der Saponine, welche die Fettaufnahme hemmen sollen.

Die Ziehdauer

Es gibt keine Universalrichtlinien für die Ziehdauer von Oolong-Tee. Schon nach drei Minuten gehen die meisten Wirkstoffe ins Teewasser über, eine längere Ziehdauer bringt kaum einen zusätzlichen medizinischen Gewinn. Nach acht Minuten ist der Tee allerdings bitter.

Tee zubereiten

Die klassische Teezubereitung sorgt für vollendeten Genuss und die optimale Entfaltung der Wirkstoffe. Dafür zunächst Kanne und Tassen mit warmem Wasser füllen, um sie auf die richtige Temperatur zu bringen. Das Teewasser im Kessel kurz aufkochen. Die Kanne entleeren, pro Tasse einen gestrichenen Teelöffel Oolong-Tee zufügen und das heiße Wasser aufgießen.
Die vorgewärmten Tassen entleeren. Den Tee je nach Bedarf ziehen lassen. Bei drei Minuten wirkt er stark anregend, sein Aroma bleibt hingegen eher mild. Bei fünf bis acht Minuten dominiert das Aroma, die anregende Wirkung fällt eher mäßig aus und wird auf eine längere Zeit gestreckt. Nach der gewünschten Zeit den Tee aus der Kanne in die Tassen gießen.
Die Teeblätter verbleiben in der Kanne und können zu einem zweiten und dritten Aufguss wieder verwendet werden. Da sie bereits reichlich Wasser aufgenommen haben, brauchen die nachfolgenden Aufgüsse nur noch ein bis zwei Minuten zum Ziehen.

Einkauf

Oolong-Tee gibt es in jedem gut sortierten Teefachgeschäft und in Apotheken. Bevorzugen Sie Ware, die auf Rückstände kontrolliert wurde, denn wie bei Grünem und Schwarzem Tee, so gibt es auch bei ihm zahlreiche schwarze Schafe unter den Bauern, die ihre Teesträucher mit Pestiziden behandeln. Wer allerdings einen belasteten Oolong-Tee erwischt hat, muss bei seinem Verzehr nicht unbedingt um sein Leben fürchten. Denn die Wasserlöslichkeit der Pestizide liegt zwischen 5 und 10 Prozent, der größere Anteil verbleibt also im Blätterrückstand.

Pu-Erh-Tee

Pu-Erh-Tee zählt in China zu den alten und anerkannten Heiltees, doch bei uns ist er eher umstritten. Dies liegt zum Teil daran, dass einige Teeimporteure ihn mit plakativen Aussagen wie »zehn Kilogramm weg in vier Wochen« garnierten und ihm dadurch ein unseriöses Image verpassten. Darüber hinaus sind die chinesischen Anbieter kaum imstande, den vor allem in Deutschland riesigen Pu-Erh-Bedarf mit einwandfreier Ware zu decken. So kamen auch Produkte auf den Markt, die nichts mit echtem Pu-Erh-Tee zu tun hatten oder sogar gesundheitsschädlich waren. Dennoch bleibt es eine Tatsache, dass hochwertiger Pu-Erh-Tee gesund ist und auch bei der Gewichtsreduktion helfen kann.

→ Tipp

Schauen Sie vor dem Kauf auf das Kleingedruckte bei den verschiedenen Angebotsformen von Pu-Erh-Tee. Lieber etwas länger suchen, als eine Ware kaufen, die nicht vertrauensvoll erscheint.

Herkunft

Pu-Erh-Tee stammt ebenfalls von Teebäumen (*Camellia sinensis*) ab und unterscheidet sich prinzipiell nicht von Grünem Tee und auch nicht von dessen fermentiertem Abkömmling, dem Schwarzen Tee. Das Besondere an den nur in Südchina wachsenden Pu-Erh-Bäumen ist allerdings, dass sie sehr alt werden können sowie kräftige Triebe und glänzende, große Blätter besitzen. Der Name Pu-Erh ist der Hauptstadt der Provinz Yunnan, Puerh, entlehnt.

Besonderes Verfahren

Zum eigentlichen Pu-Erh wird der Tee erst durch sein außergewöhnliches Herstellungsverfahren. Die gerösteten und getrockneten Blätter werden mit einer bestimmten Menge an Wasser angefeuchtet und in Häufchen aufgeschichtet. Dann gibt man eine Portion aus »Pu-Erh-Mikroben« (vor allem Schimmelpilze) hinzu. Sowohl die Menge des Wassers als auch die Menge und Zusammensetzung der Mikrobenkultur sind Betriebsgeheimnis des jeweiligen Herstellers. Wissenschaftler sehen derartige Geheimniskrämereien freilich nicht so gern, doch in China – und vor allem unter Chinas Teeproduzenten – sind sie durchaus üblich.

→ Tipp

Die Wirkstoffe von Pu-Erh-Tee sind sehr gut wasserlöslich. Es ist also überflüssig, sich von dem Tee Kapseln oder andere Extrakte zu kaufen. Der Teeaufguss reicht vollkommen aus.

In den aufgeschichteten Blätterhäufchen steigt die Temperatur bald auf über 35 °C, und der Tee verändert sich in Farbe und Geschmack. Nach mehreren Wochen, manchmal aber auch erst nach Jahren, werden die Vorgänge durch Erhitzen (Firing) abgebrochen und der Feuchtigkeitsgehalt auf 10 Prozent reduziert. Dann erst ist der Pu-Erh-Tee fertig.

Zahlreiche Wirkstoffe

Pu-Erh enthält große Mengen an Mangan und Bitterstoffen. Ähnlich wie Schwarzer und Grüner Tee enthält er Koffein, allerdings sind seine Koffeinwerte in der Regel etwas geringer. Darüber hinaus brilliert Pu-Erh durch hohe Anteilswerte an Polyphenolen und Saponinen. Auch ist davon auszugehen, dass die an der Fermentation beteiligten Schimmelpilze selbst zum Wirkstoffprofil beitragen. In einer japanischen Studie kommen Wissenschaftler zu dem Schluss, dass in ihnen möglicherweise ein Schlüssel zum Fatblockerphänomen von Pu-Erh liegt.

Appetithemmer und Antidepressivum

In seiner Heimat Südchina wird Pu-Erh als Antidepressivum eingesetzt. Ein Einsatzgebiet, das bei milden Formen von schlechter Laune durchaus sinnvoll erscheint,

da im Pu-Erh-Tee ähnliche Flavonoide nachgewiesen wurden wie im als Antidepressivum anerkannten Johanniskraut. Aus diesem Grund kann Pu-Erh beispielsweise bei den typischen Depressions- und Heißhungerschüben während einer Raucherentwöhnung durchaus hilfreich sein.
Immer wieder wird auch von den appetithemmenden Wirkungen von Pu-Erh berichtet. Dieser Effekt kann mit den hohen Koffein- und Catechinwerten von Pu-Erh erklärt werden. Diese beiden Stoffe sorgen über ihren sanften Einfluss auf unseren Stresshormonspiegel möglicherweise für eine Dämpfung unseres Hungerempfindens.

Zahlreiche Laborstudien

Pu-Erh wird seit einigen Jahren als »Fatkiller« gefeiert oder aber als »abgebrühte Verbrauchertäuschung« gebrandmarkt. Die vorliegenden klinischen Beobachtungen aus China werden von Wissenschaftlern eher kritisch beurteilt, es existieren allerdings auch japanische Laborversuche von international anerkannten Wissenschaftlern. Hier setzte man Ratten gezielt unter fett- und cholesterinreiche Mastdiät, wobei ein Teil von ihnen zusätzlich Pu-Erh-Tee bekam. Wie zu erwarten, legten die Tiere im Körpergewicht und auch im Blutcholesterinspiegel schon nach wenigen Wochen deutlich zu, die Gewichtszunahme fiel jedoch bei den Pu-Erh-Exemplaren erheblich geringer aus.

Mögliche Nebenwirkungen

Pu-Erh-Tee ist arm an Risiken. Sein Koffein ist an Polyphenole gebunden, die das Nervensystem vor allzu akuten Erregungsschüben schützen. Übermäßiger Verzehr des Tees hindert allerdings möglicherweise die Eisenanteile aus pflanzlichen Nahrungsmitteln daran, von unserem Körper aufgenommen zu werden. Dieser Aspekt kann für Vegetarier ein Problem sein, die üblichen Gemischt- und Fleischköstler haben in dieser Hinsicht jedoch nichts zu befürchten.

Anwendung und Dosierung

Die empfohlene Tagesration für die Aufnahme von Pu-Erh-Tee liegt bei

Die Fermentation des Pu-Erh-Tees kann mehrere Jahre dauern. Grundsätzlich gilt für ihn wie für guten Wein: Seine Qualität ist umso besser, je länger er reifen konnte. Die kostbarsten Pu-Erh-Tees lagern bis zu 60 Jahre! Sie sind natürlich dementsprechend teuer. Ihre medizinische Wirkung ist allerdings nicht stärker als die der jungen Tees.

drei bis vier Tassen pro Tag, die jeweils zu den Mahlzeiten getrunken werden sollten. Die Dosierung für kräftigen Geschmack und intensive Wirkung von Pu-Erh liegt bei einem gestrichenen Teelöffel Pu-Erh-Kraut auf eine Tasse von etwa 150 Milliliter Fassungsvermögen. Das entspricht bei einem Liter etwa sechs Teelöffeln, wobei aufgrund der besseren Lösungsmöglichkeiten in einer Kanne sogar fünf Teelöffel ausreichen. Wer es gern milder mag, reduziert die Dosis auf einen halben Teelöffel pro Tasse bzw. 3 gestrichene Teelöffel pro Liter. Solche Dosierungen empfehlen sich vor allem für Einsteiger.

→ Tipp

Pu-Erh-Tee kann, ähnlich wie Rooibos oder Grüner Tee, mehrmals aufgegossen werden, bei höheren Qualitätsstufen sogar bis zu viermal. So relativiert sich natürlich auch der hohe Preis, denn für die Tagesration von drei bis vier Tassen reicht ein gestrichener Teelöffel.

Die Zubereitung

Für die richtige Zubereitung die Pu-Erh-Blätter in die Tasse oder Kanne geben und mit kochendem Wasser übergießen. Den Tee ziehen lassen, am besten zugedeckt, um seine flüchtigen ätherischen Öle besser im Aufguss zu halten. Die Dauer des Ziehens richtet sich nach der Art des Tees und nach dem eigenen Geschmack.

- Bei einer kurzen Ziehdauer von zwei bis drei Minuten erhält man einen relativ milden Pu-Erh-Aufguss mit rauchigem Geschmack und recht starker anregender Wirkung. Die medizinisch wichtigen Inhaltsstoffe sollten bei dieser kurzen Zeit bereits gelöst sein. 10 bis 15 Minuten Ziehzeit sind für die Wirksamkeit von Pu-Erh nicht nötig, wie überhaupt in der Traditionellen Chinesischen Medizin recht häufig mit kurzen Zeiten beim Ziehen gearbeitet wird.
- Bei einer mittellangen Ziehdauer von drei bis fünf Minuten schmeckt der Tee schon recht erdig. Die Koffeinmoleküle sind dann schon weitgehend an Gerbstoffe gebunden und daher nur noch recht schwach in ihrer anregenden Wirkung. Die mittellange Zeit beim Ziehen ist wohl für die meisten Teetrinker, in jedem Fall aber für Magenkranke, optimal.
- Wenn der Tee mehr als zehn Minuten lang ziehen gelassen

wird, dominiert eindeutig das Erdige im Pu-Erh. Im Unterschied zu Grünem und Schwarzem Tee ist er jedoch auch nach längeren Ziehdauern durchaus noch genießbar. Dies liegt wahrscheinlich an der sanfteren Konstruktion seiner Gerbstoffe. Zehn-Minuten-Pu-Erh empfiehlt sich vor allem bei der Behandlung von Darmproblemen wie etwa Durchfall.

Einkauf

Man erhält Pu-Erh-Tee überall in Apotheken, Drogerien, Reformhäusern, Teefachgeschäften und natürlich auch in China-Feinkostläden. Und wer Zugang zum Internet hat, der kann sich mittlerweile auch auf diesem Weg bei Versandhändlern mit Pu-Erh versorgen. Der Vorteil hierbei liegt auf der Hand: Der Kunde braucht nicht mehr aus dem Haus zu gehen, allerdings erhält er auf diese Weise auch keinerlei Einblicke in die Arbeits- und Lagerqualitäten des betreffenden Teeanbieters.
Bleibt die Frage, was es zu beachten gilt, um möglichst gute Warenqualität zu bekommen. Vertreter der Traditionellen Chinesischen Medizin verweisen gern auf die besonders hohe Qualität, die vom Pu-Erh in den chinesischen Feinkostgeschäften angeboten wird. Nennenswerte Belege für diese These gibt es allerdings nicht. Im Gegenteil. Aus der Tatsache, dass ein 100-Gramm-Beutel mit Tee einen unverständlichen chinesischen Schriftzug trägt, darf man noch lange nicht schließen, dass dort auch wirklich authentische und hochwertige Ware enthalten ist. Von Krankenhäusern, die mit Traditioneller Chinesischer Medizin arbeiten, ist bisweilen zu hören, dass sie ihre chinesischen Kräuterlieferanten mitunter ganz schön unter Druck setzen mussten, um von ihnen medizinisch und botanisch einwandfreie Ware zu erhalten.

Augen auf

Am besten kauft man Pu-Erh-Tee in Apotheken, Teefachgeschäften, Reformhäusern oder Drogerien ein. Zu bevorzugen ist Ware aus kontrolliertem Anbau oder solche, deren Gehalt an Pestiziden in Labors getestet wurde.

Leider wird immer wieder Pu-Erh-Tee angeboten, der mit Pestiziden belastet ist. Kaufen Sie daher nur Ware, die auf ihre Rückstände kontrolliert wurde.

Pu-Erh schmeckt auch mit anderen Teesorten gemischt.

Rezepte mit Fatblockern

Bei der praktischen Umsetzung aller guten Ratschläge zu einer kalorienreduzierten Ernährung kommen viele gute Vorsätze schnell ins Wanken. Die folgenden Rezepte mit Fatblockern – vor allem mit ballaststoffhaltigen Lebensmitteln – zeigen, wie man sich abwechslungsreich ernährt und dabei genießt. Extra zugesetzte Fatblocker sind nicht als Freischein für ungezügeltes Essen anzusehen, sondern als Hilfe, vom Übergewicht erst einmal herunterzukommen. Eine ballaststoffreiche Kost soll natürlich ein Leben lang beibehalten werden.

Beim Abnehmen darf der Genuss nicht zu kurz kommen.

Frühstück

Wer morgens für eine gute Grundlage im Magen sorgt, ist bestens gerüstet für den arbeitsreichen Vormittag. Je mehr Ballaststoffe ein Frühstück enthält, desto länger hält seine sättigende Wirkung an.

Fruchtsalat mit Zimtjoghurt

Diese Zubereitung ist in mehrfacher Weise empfehlenswert. Bananen und Orangen schmecken nicht nur erfrischend gut, sondern wirken auch stark sättigend. Die Fasern der Orange sind zudem reich an wasserlöslichen Ballaststoffen, die unseren Fettstoffwechsel günstig beeinflussen.

Pro Portion
1200 kJ/287 kcal
9 g Eiweiß
11 g Fett
37 g Kohlenhydrate
5 g Ballaststoffe
1 mg Cholesterin

Zubereitungszeit
15 Minuten

Für 4 Portionen

- 4 Bananen
- 2 Orangen
- 150 ml Orangensaft
- 1 EL flüssiger Honig
- 300 g Joghurt (1,5 % Fett)
- 1 TL Zimtpulver
- 1 EL Vanillezucker
- 4 EL gehackte Pistazien

Honig gibt dem Fruchtsalat eine angenehme Süße.

1 Die Bananen schälen und in Stücke schneiden. Die Orangen unter heißem Wasser abwaschen und so dick schälen, dass auch die weiße Haut entfernt wird. Das Fruchtfleisch der Orangen in Scheiben schneiden und vierteln. Bananenstücke und Orangenfruchtfleisch in einer Schüssel miteinander vermischen.

2 Den Orangensaft mit dem Honig verrühren und über das Obst gießen. Den Joghurt mit Zimt und Vanillezucker cremig rühren und über das Obst geben.

3 Den Fruchtsalat mit den Pistazien bestreuen und sofort servieren.

Bananen-Konjac-Müsli

Bananen sind ideal zum Frühstück, denn sie enthalten viele Kohlenhydrate, die uns mit Energie versorgen. Außerdem liefern sie B-Vitamine für unseren Stoffwechsel. Je reifer sie sind, desto stärker ist die in ihnen enthaltene Stärke schon in Zucker umgewandelt und desto süßer schmecken sie. Konjacmehl hemmt die Fettaufnahme, senkt den Cholesterinspiegel und sorgt für eine länger anhaltende Sättigung. Ähnliches gilt für die Ballaststoffe von Haferflocken und Weizen.

Pro Portion
1865 kJ/446 kcal
17 g Eiweiß
6 g Fett
80 g Kohlenhydrate
18 g Ballaststoffe
12 mg Cholesterin

Zubereitungszeit
10 Minuten

Einweichzeit
über Nacht

Bei Cornflakes sollte man die ungezuckerte Variante bevorzugen.

Für 4 Portionen

- 8 EL Weizenkörner
- 4 Bananen
- 8 EL Vollkornhaferflocken
- 4 TL Weizenkleie
- 12 EL Cornflakes
- 800 ml Milch (1,5 % Fett)
- 2 EL Zitronensaft
- 2 EL Konjacmehl
- Süßstoff nach Belieben

1 Die Weizenkörner in eine kleine Schüssel geben und mit kaltem Wasser bedecken. Die Schüssel in den Kühlschrank stellen und die Körner am besten über Nacht einweichen lassen.

2 Am nächsten Morgen die Bananen schälen und in Scheiben schneiden.

3 Bananenscheiben, Haferflocken, Weizenkleie und Cornflakes unter die eingeweichten Weizenkörner mischen.

4 Die Milch mit Zitronensaft und Konjacmehl verrühren und sämig werden lassen. Die sämige Milch unter das Müsli heben.

5 Nach Bedarf mit Süßstoff süßen.

Hildegards Habermus

Dieses Rezept aus der Küche der Heiligen Hildegard liefert ein Gericht, das reich an Ballaststoffen ist, die als Fatblocker arbeiten. Sie stammen aus Dinkelschrot, Äpfeln und Flohsamen. Wie bei jeder ballaststoffreichen Zubereitung ist auch hier auf eine großzügige Flüssigkeitsaufnahme zu achten. Dazu eignen sich am besten Früchte- oder Kräutertee sowie mit Mineralwasser verdünnter Fruchtsaft. Kaffee sollte nicht in großen Mengen getrunken werden, denn er entzieht dem Körper Wasser.

Für 4 Portionen

- 400 g Dinkelschrot
- 1 EL Honig
- je 2 Messerspitzen Galgant- und Zimtpulver
- 2 Äpfel
- 1 EL gehackte süße Mandeln
- 2 TL Flohsamen
- Saft von 1 Zitrone

1 In einem Topf den Dinkelschrot in 1 Liter Wasser einrühren und unter ständigem Rühren zum Kochen bringen. Honig, Galgant und Zimt untermischen und das Mus bei schwacher Hitze 5 Minuten leise kochen lassen.

2 In der Zwischenzeit die Äpfel waschen, Kerngehäuse entfernen und das Fruchtfleisch in kleine Stücke schneiden. Die Apfelstücke zu der Dinkelmasse geben und für weitere 5 Minuten mitgaren.

3 Das Dinkelmus auf tiefe Teller verteilen. Die Mandeln und die Flohsamen darüber streuen und alles mit Zitronensaft würzen.

Für das Habermus eignen sich am besten die Apfelsorten Cox Orange oder Jonagold.

Pro Portion

1700 kJ/417 kcal
13 g Eiweiß
6 g Fett
76 g Kohlenhydrate
11 g Ballaststoffe
0 mg Cholesterin

Zubereitungszeit

20 Minuten

Ingwerbrei

Pro Portion
1400 kJ/339 kcal
14 g Eiweiß
8 g Fett
52 g Kohlenhydrate
5 g Ballaststoffe
21 mg Cholesterin

Zubereitungszeit
20 Minuten

Für einen guten Start in den Tag. Das Gericht hat einen enormen Sättigungsgrad und vertreibt zudem die Müdigkeit aus den Gliedern.

Für 4 Portionen

- 1 l Milch (1,5 % Fett)
- 180 g Dinkelgrieß
- 50 g Sultaninen
- 2 gestrichene EL Ingwerpulver
- 1/2 TL Zimtpulver
- 1 TL Butter

1 In einem Topf die Milch mit dem Dinkelgrieß und den Sultaninen vermengen und unter Rühren erhitzen.

2 Den Topfinhalt mit Ingwer- und Zimtpulver würzen. Alles zum Kochen bringen, die Hitze reduzieren, die Butter einrühren und den Brei bei schwacher Hitze 5 Minuten quellen lassen.

Sojabohnenquark

Pro Portion
690 kJ/164 kcal
9 g Eiweiß
5 g Fett
19 g Kohlenhydrate
3 g Ballaststoffe
0 mg Cholesterin

Zubereitungszeit
15 Minuten

Sojabohnen enthalten fatblockende Saponine. Ergänzt werden sie in diesem Rezept durch Orangen, die Hesperidin und wasserlösliche Ballaststoffe enthalten, die die Fettaufnahme reduzieren. Sojabohnenquark schmeckt gut als Brotaufstrich oder zu Müsli.

Für 4 Portionen

- 400 g Tofu
- 4 Orangen
- 2 EL Honig
- 2 EL Zitronensaft

1 Den Tofu abspülen, trockentupfen und in Würfel schneiden. Die Orangen waschen, schälen, die weißen Häutchen entfernen und das Fruchtfleisch klein schneiden.

2 Alle Zutaten in einem Mixer kurz zu einer cremigen Masse pürieren. Sofort servieren.

Herzhaftes Dinkelfrühstück

Dieses Gericht ist ideal für einen ballaststoffreichen Start in den Tag. Es sättigt gut und enthält viele cholesterinsenkende Pektine.

Für 4 Portionen

- 80 g gekeimter Dinkel
- 160 ml Pflaumen- oder Ananassaft
- 200 g Möhren
- 200 g Sellerie
- 200 g säuerliche Äpfel (z. B. Granny Smith oder Klarapfel)
- 4 EL gehackte Zitronenmelisse
- 4 mittelgroße Bananen

1 Die gekeimten Dinkelkörner nach Wunsch mit dem Schneidestab eines Handmixers zerkleinern. Den Fruchtsaft untermischen.

2 Möhren, Sellerie und Äpfel waschen, putzen und ebenfalls mit dem Schneidestab des Handmixers zerkleinern. Die Mischung mit der Zitronenmelisse unter den Dinkelbrei heben.

3 Die Bananen schälen und in Scheiben schneiden. Ein paar Bananenscheiben zum Garnieren beiseite legen, den Rest klein schneiden und unter den Brei heben.

4 Den Dinkelbrei auf Tellern anrichten und mit den restlichen Bananenscheiben garnieren.

Pro Portion

930 kJ/222 kcal
8 g Eiweiß
3 g Fett
41 g Kohlenhydrate
10 g Ballaststoffe
0 mg Cholesterin

Zubereitungszeit

20 Minuten

Das Dinkelfrühstück lässt sich gut mitnehmen. Die Bananen erst vor dem Servieren unterheben.

Pfannkuchen mit Rhabarberquark

Pro Portion
4140 kJ/990 kcal
66 g Eiweiß
14 g Fett
144 g Kohlenhydrate
9 g Ballaststoffe
1 mg Cholesterin

Zubereitungszeit
45 Minuten

Die Buchweizen-Pfannkuchen sind ein vollwertiges Gericht. Um den Fettgehalt in Grenzen zu halten, empfiehlt es sich, die heißen Pfannkuchen vor dem Füllen mit Küchenpapier abzutupfen, damit das überschüssige Fett gar nicht erst auf den Teller kommt.

Dieses Gericht enthält Buchweizen, eine Körnerart, die wie Getreide zubereitet wird. Es macht sehr satt und liefert fatblockende Ballaststoffe.

Für 4 Portionen

Für die Quarkfüllung:

- 1 kg Rhabarber
- 2 Vanilleschoten
- 4 EL Honig
- etwas Mineralwasser
- 1 kg Magerquark

Für den Teig:

- 150 g Buchweizenmehl
- 350 g Weizenmehl
- 4 EL Zucker
- 2 Päckchen Vanillesaucenpulver
- 4 TL Backpulver
- 1 kg Buttermilch
- 6 Eier
- Salz
- Butterschmalz zum Ausbacken

1 Den Rhabarber waschen, putzen und in 2 Zentimeter lange Stücke schneiden. Die Rhabarberstücke auf einem Backblech verteilen und im Backofen bei 80 °C (Umluft 60 °C, Gas Stufe 1) 10 bis 15 Minuten garen. Auskühlen lassen.

2 Die Vanilleschoten längs aufschneiden und das Mark herauskratzen. Vanillemark, Honig und etwas Mineralwasser unter den Quark rühren. Rhabarberstücke unterheben.

3 Beide Mehlarten, Zucker, Vanillesaucenpulver und Backpulver mit der Buttermilch verrühren. Die Eier trennen. Die Eigelbe unter den Teig rühren und diesen 15 Minuten quellen lassen.

4 Eiweiß mit wenig Salz zu Eischnee steif schlagen und unter den Teig heben.

5 In einer beschichteten Pfanne das Butterschmalz erhitzen und den Teig darin portionsweise zu Pfannkuchen ausbacken. Dafür jeweils zwei Suppenkellen Teig in die Pfanne geben und bei mittlerer Hitze von beiden Seiten knusprig braun backen. Die Pfannkuchen mit der Quarkmischung füllen und sofort servieren.

Mittagessen

Den großen Hunger zur Mittagszeit stillt man am besten mit einem ballaststoffreichen, an Vitaminen und Mineralstoffen ausgewogenen Essen. Es sollte nicht zu schwer sein, damit man auch am Nachmittag fit bleibt.

Steckrübengemüse

Steckrüben enthalten große Mengen Ballaststoffe, die für eine lang anhaltende Sättigung sorgen und zudem die Fettaufnahme aus dem Speisebrei hemmen. Das zum Würzen verwendete Kraut Beifuß verbessert die Verdauung fett- und fleischhaltiger Gerichte.

Für 4 Portionen

- 1 Zwiebel
- 500 g Steckrüben
- 2 EL Rapsöl
- 1 l Fleischbrühe
- 1 TL Beifuß
- Salz
- Pfeffer aus der Mühle
- 1 Bund Schnittlauch

1 Die Zwiebel abziehen und fein hacken. Die Steckrüben waschen, schälen, putzen und in kleine Stücke schneiden.

2 Das Öl in einem Topf erhitzen und die Zwiebelstücke darin bei schwacher Hitze glasig dünsten. Die Rübenstücke zufügen und 3 Minuten mitdünsten.

3 Die Brühe angießen, mit Beifuß würzen und alles bei schwacher Hitze 15 Minuten leise kochen lassen. Salzen und pfeffern.

4 Den Schnittlauch waschen, trockenschwenken, in Röllchen schneiden und unter das Gemüse mischen.

Pro Portion

870 kJ/208 kcal
15 g Eiweiß
13 g Fett
8 g Kohlenhydrate
5 g Ballaststoffe
43 mg Cholesterin

Zubereitungszeit

30 Minuten

Verwenden Sie am besten immer frisch gemahlenen Pfeffer.

Buchweizen-Kartoffel-Suppe

Dies ist ein lakto-vegetarisches Gericht mit hohem Sättigungsgrad. Buchweizen und Soja wirken außerdem positiv auf die Blutfettwerte.

Pro Portion
850 kJ/203 kcal
7 g Eiweiß
5 g Fett
32 g Kohlenhydrate
6 g Ballaststoffe
13 mg Cholesterin

Zubereitungszeit
45 Minuten

Für 4 Portionen

- 1 große Kartoffel (ca. 250 g)
- 1 Zwiebel
- 900 ml Gemüsebrühe
- 100 g Buchweizen
- 1 TL Oregano
- 1 TL Hefeextrakt
- 1/4 l Milch (1,5 % Fett)
- 1 TL Sojasauce
- Pfeffer aus der Mühle
- Salz nach Bedarf
- 2 TL frisch gehackte Petersilie

1 Die Kartoffel waschen, schälen und in Scheiben schneiden. Die Zwiebel abziehen und klein hacken. Beides in der Gemüsebrühe zum Kochen bringen.

2 Buchweizen, Oregano und Hefeextrakt unterrühren und die Suppe bei schwacher Hitze 30 Minuten leise kochen lassen.

3 Milch zugießen und kurz mit erwärmen. Mit Sojasauce, Pfeffer und nach Bedarf etwas Salz würzen. Die Petersilie darüber streuen.

Die Buchweizen-Kartoffel-Suppe hält lange satt, ohne schwer im Magen zu liegen.

Reis mit Erbsensauce

Ein ebenso schmackhaftes wie sättigendes Gericht, das durch die Erbsen mit ihren fatblockenden Saponinen interessant ist.

Für 4 Portionen

- 500 g Basmatireis
- 1 TL Öl

Für die Erbsensauce:

- 1 kleine Zwiebel
- 1 EL Butter
- 300 g Erbsen (tiefgekühlt)
- 100 ml Weißwein
- 125 g Sahne
- 1 TL frisch gehacktes Basilikum
- Salz
- Pfeffer aus der Mühle
- Zitronensaft

1 Den Reis mit 1 Liter Wasser und dem Öl aufkochen. Die Hitze reduzieren und den Reis im offenen Topf so lange leise kochen lassen, bis er das Wasser aufgesogen hat.

2 Für die Erbsensauce die Zwiebel abziehen und sehr fein hacken. In einem hohen Topf die Butter bei mittlerer Hitze erhitzen und die Zwiebel darin glasig anbraten. Die Erbsen zugeben. Den Wein und die Sahne angießen, mit Basilikum, Salz und Pfeffer würzen. Den Topfdeckel auflegen und die Sauce etwa 5 Minuten garen lassen, bis die Erbsen weich sind.

3 Den Topf von der Kochstelle nehmen und den Inhalt mit dem Pürierstab pürieren. Die Sauce mit Zitronensaft würzen. Den Reis auf Teller verteilen und die Erbsensauce darüber gießen.

→ Tipp

Zu dem Reis-Erbsen-Gericht passen weich gekochte Eier oder ein wenig Lachs. Es schmeckt und sättigt aber auch pur sehr gut.

Pro Portion

2620 kJ/627 kcal
13 g Eiweiß
14 g Fett
107 g Kohlenhydrate
6 g Ballaststoffe
34 mg Cholesterin

Zubereitungszeit

30 Minuten

Gemüseauflauf mit Guar

Pro Portion
2170 kJ/519 kcal
29 g Eiweiß
13 g Fett
71 g Kohlenhydrate
6 g Ballaststoffe
115 mg Cholesterin

Zubereitungszeit
30 Minuten

Backzeit
20 Minuten

Zucchini sind ideal zum Abnehmen, da sie nur wenige Kalorien, aber viele Ballaststoffe enthalten.

Guarkernmehl beschleunigt die Darmpassage der Nahrung, so dass der Nahrungsbrei kürzer im Darm verweilt und dadurch weniger Fett an den Körper abgeben kann. Zusätzlich wirkt Guar als natürlicher Lipase-Hemmer und blockiert damit ein wichtiges Enzym der Fettresorption.

Für 4 Portionen

- Salz
- 400 g Vollkornnudeln
- etwas Öl für die Form
- 400 g Zucchini
- 1/2 l Milch (1,5 % Fett)
- 1 Prise frisch geriebene Muskatnuss
- 1 TL getrockneter Dill
- Pfeffer aus der Mühle
- 1 EL Guarkernmehl
- 150 g geriebener Käse

1 In einem großen Topf Wasser mit etwas Salz aufkochen. Die Nudeln hineingeben und im sprudelnden Wasser bissfest garen. Abgießen und abtropfen lassen.

2 In der Zwischenzeit den Backofen auf 200 °C (Umluft 180 °C, Gas Stufe 3–4) vorheizen. Eine Auflaufform einfetten.

3 Die Zucchini waschen, putzen und in dünne Scheiben schneiden.

4 Die Milch mit Muskatnuss, Dill, Salz und Pfeffer würzen. Das Guarkernmehl einrühren und so lange weiterrühren, bis die Gewürzmilch sämig wird.

5 Das Gemüse und die Nudeln in die Form einschichten und die angedickte Sauce darüber gießen. Mit Käse bestreuen und das Gericht im heißen Backofen etwa 20 Minuten überbacken.

Indische Spinatcreme

Dieses asiatische Gericht spricht viele Geschmacksnerven an, denn Knoblauch, Galgant und Zitronensaft sorgen für eine erfrischende Note. Konjacmehl dient zum Andicken und liefert mit seinen wertvollen Ballaststoffen Fatblocker, die den Genuss von Öl und Crème fraîche erlauben.

Für 4 Portionen

- 1 Packung Tiefkühlspinat (450 g)
- 1 Zwiebel
- 1 Knoblauchzehe
- 2 EL Öl
- 1 gestrichener TL gemahlener Galgant
- 1/2 l Gemüsebrühe
- 2 gestrichene EL Konjacmehl
- 100 g Crème fraîche
- 100 ml Milch
- 2 EL Zitronensaft
- Salz
- Pfeffer aus der Mühle

1 Den tiefgefrorenen Spinat in einem Topf bei mittlerer Hitze in 10 bis 15 Minuten unter ständigem Rühren auftauen.

2 Zwiebel und Knoblauch abziehen und fein hacken. Das Öl in einem zweiten Topf erhitzen und Galgant, Zwiebel- und Knoblauchwürfel darin anbraten. Brühe angießen. Den Spinat zufügen und kurz erhitzen, aber nicht mehr kochen. Den Spinat von der Kochstelle nehmen, das Konjacmehl einrühren und die Creme sämig werden lassen.

3 Die Crème fraîche, die Milch und den Zitronensaft einrühren und die Spinatcreme mit Salz und Pfeffer abschmecken.

Pro Portion

745 kJ/179 kcal
6 g Eiweiß
14 g Fett
7 g Kohlenhydrate
12 g Ballaststoffe
24 mg Cholesterin

Zubereitungszeit

20 Minuten

Ruckzuck fertig: Spinatsuppe auf Indisch.

Linsenküchlein mit Paprikasauce

Ein stark sättigendes Gericht mit vielen Ballaststoffen, das aber nicht müde macht. Sowohl von Linsen als auch von Konjacmehl ist bekannt, dass sie den Cholesterinspiegel senken und die Fettaufnahme reduzieren.

Pro Portion

1289 kJ/309 kcal
20 g Eiweiß
13 g Fett
26 g Kohlenhydrate
22 g Ballaststoffe
164 mg Cholesterin

Zubereitungszeit

70 Minuten

Kühlzeit

60 Minuten

Für 4 Portionen

Für die Küchlein:

- 1 mittelgroße Zwiebel
- 3 EL Öl
- 150 g gelbe Linsen
- 400 ml Fleischbrühe
- 1 Knoblauchzehe
- 3 gestrichene EL Konjacmehl
- 2 Eigelbe
- Salz
- Pfeffer aus der Mühle
- 1 TL Oregano
- Mehl zum Bestäuben

Für die Sauce:

- 400 g rote Paprikaschoten
- 2 EL Öl
- 1/2 TL Paprikapulver
- Salz, Pfeffer
- 1 TL Konjacmehl
- 1 EL Crème fraîche

1 Die Zwiebel abziehen und fein hacken. 1 Esslöffel Öl erhitzen und die Zwiebelwürfel darin anbraten. Die Linsen zufügen und die Fleischbrühe zugießen. Alles aufkochen, die Hitze reduzieren und die Linsen zugedeckt bei schwacher Hitze in 25 Minuten garen. Die Linsen etwa 60 Minuten abkühlen lassen.

2 Die Paprikaschoten waschen, Stielansätze, Kerne und Trennwände entfernen. Das Fruchtfleisch in schmale Streifen schneiden und drei Streifen in Würfel schneiden. Das Öl erhitzen und die Paprikastreifen darin anbraten. Mit 1/2 Liter Wasser ablöschen und bei schwacher Hitze in 15 Minuten garen. Mit Paprikapulver, Salz und Pfeffer würzen.

3 Die Linsen mit dem Pürierstab des Handrührgerätes zerkleinern oder durch ein Sieb streichen. Den Knoblauch abziehen, zerdrücken und in das Püree geben. Das Konjacmehl und die Eigelbe unterarbeiten. Die Masse mit Salz, Pfeffer und Oregano kräftig würzen.

4 Die Hände mit etwas Mehl bestäuben und 8 handtellergroße, flache Küchlein aus der Masse formen. Das restliche Öl erhitzen und die Küchlein darin portionsweise auf jeder Seite 2 bis 3 Minuten ausbacken. Herausnehmen und warm stellen.

5 Die Paprikamischung mit dem Pürierstab oder im Mixer pürieren und die Sauce wieder kurz erhitzen. Mit dem Konjacmehl unter Rühren andicken, die Crème fraîche und die Paprikawürfel unterrühren. Die Sauce zu den Linsenküchlein servieren.

→ Tipp

Die Linsenküchlein erhalten durch das Konjacmehl eine außergewöhnliche Dichte und Wasserbindefähigkeit. Bei ihrem Verzehr sollte man deshalb auf reichliche Flüssigkeitszufuhr achten. Am besten geeignet sind dafür Mineralwasser, verdünnter Fruchtsaft oder ungesüßter Tee. Gesüßte Getränke wie Limonaden liefern nur unerwünschte Kalorien.

Fatblocker satt: Die Linsenküchlein mit Paprikasauce liefern viele Ballaststoffe und Saponine.

Bunter Gemüsetopf

Dieser Gemüseeintopf enthält eine Reihe von wichtigen Ballaststofflieferanten. In Kartoffeln, Möhren und Bohnen dominieren Stärke und wasserlösliche Ballaststoffe, von denen bekannt ist, dass sie den Fettstoffwechsel günstig beeinflussen. Das Gericht zeichnet sich außerdem durch einen hohen Sättigungsgrad und einen niedrigen Fettanteil aus.

Pro Portion

794 kJ/190 kcal
6 g Eiweiß
11 g Fett
17 g Kohlenhydrate
7 g Ballaststoffe
2 mg Cholesterin

Zubereitungszeit

60 Minuten

Für 4 Portionen

- 300 g kleine Kartoffeln
- 200 g Möhren
- 1 Bund Frühlingszwiebeln
- 2 Fleischtomaten
- 200 g grüne Bohnen
- 100 g Zuckerschoten
- 3 Knoblauchzehen
- 3 EL Olivenöl
- 120 ml Gemüsebrühe
- 1 Bund glatte Petersilie
- 4 EL Sojasauce
- Pfeffer aus der Mühle

1 Das Gemüse waschen und putzen. Die Kartoffeln schälen und vierteln. Die Möhren schälen und in Scheiben schneiden. Die Frühlingszwiebeln in Ringe schneiden. Die Tomaten von den Stielansätzen befreien, mit kochendem Wasser überbrühen, abziehen, das Fruchtfleisch vierteln und dann quer halbieren. Den Knoblauch abziehen und zerdrücken.

2 Das Öl erhitzen und die Kartoffelviertel darin anbraten. Bohnen, Knoblauch und Möhrenscheiben zugeben und etwa 5 Minuten dünsten. Tomaten, Frühlingszwiebeln und Zuckerschoten zufügen. Die Brühe angießen und das Gericht bei schwacher Hitze weitere 15 Minuten garen.

3 Petersilie waschen, trockenschwenken, fein hacken und über das Gemüse streuen. Mit Sojasauce und Pfeffer würzen.

→ Tipp

In Würfel geschnittener und in Öl angebratener Tofu kann den Eintopf bereichern, da er seinen Sättigungswert erhöht.

Hering mit Gemüse und Galgant

Fisch besitzt einen höheren Sättigungsgrad als Fleisch und Geflügel. Von großer Bedeutung ist in diesem Rezept aber auch Galgant, der als traditioneller Verdauungshelfer gilt.

Pro Portion
1640 kJ/392 kcal
41 g Eiweiß
16 g Fett
21 g Kohlenhydrate
6 g Ballaststoffe
113 mg Cholesterin

Zubereitungszeit
30 Minuten

Garzeit
2 1/2 Stunden

Für 4 Portionen

- 1 Zwiebel
- 1 Knoblauchzehe
- 500 g Kartoffeln
- 400 g Möhren
- 60 g Butter
- 2 TL gemahlener Galgant
- 1 Messerspitze Muskatnuss
- 1/2 l Gemüsebrühe
- 4 große grüne Heringe, küchenfertig (ohne Mittel- und Rückengräten)
- 1 Bund Petersilie
- Salz
- Pfeffer aus der Mühle

1 Zwiebel und Knoblauch abziehen und fein hacken. Kartoffeln und Möhren waschen, schälen und in Stücke bzw. Scheiben schneiden.

2 In einem Schmortopf 40 Gramm Butter erhitzen und Zwiebel und Knoblauch darin kurz anbraten. Kartoffeln, Möhren, Galgant und Muskatnuss zufügen und leicht anrösten. Die Gemüsebrühe angießen, aufkochen und das Gemüse bei mittlerer Hitze etwa 20 Minuten garen. Abkühlen lassen.

3 In der Zwischenzeit den Backofen auf 150 °C (Umluft 130 °C, Gas Stufe 1) vorheizen. Eine längliche Auflaufform mit der restlichen Butter ausstreichen und die Heringe abwechselnd mit Kopf- und Schwanzende nebeneinander legen. Etwas von der Brühe aus dem Gemüsetopf darüber gießen. Die Form mit dem Deckel verschließen und zusätzlich mit einer doppelt gefalteten Alufolie abdichten. Die Form in den heißen Backofen stellen und die Heringe 2 Stunden backen.

4 Kurz vor dem Servieren das Gemüse erhitzen. Die Petersilie waschen, fein hacken und zufügen. Den Gemüsetopf würzen und mit den Heringen servieren.

Galgant ist ein in Asien sehr beliebtes Gewürz, dem oft mehr Heilwirkungen zugesprochen werden, als wissenschaftlich belegt sind.

Fischhäppchen mit Shiitake-Pilzen

Diese feinen Fischpakete vom Grill sind ein sättigendes, eiweißreiches, aber dennoch leicht verdauliches Gericht, das zahlreiche Geschmacksnerven anregt. Shiitake-Pilze senken den Cholesterinspiegel, stabilisieren aber durch ihren hohen Kohlenhydratanteil den Blutzuckerspiegel und sorgen damit für lange Sättigung. Die Garnelen enthalten große Mengen an L-Carnitin, das für den Abbau von Depotfett benötigt wird.
Die Zubereitung auf Holzkohle ist für schöne Tage im Freien gedacht. Natürlich kann man die Fischhäppchen auch im Backofen mit Grillstufe zubereiten.

Pro Portion

1640 kJ/392 kcal
47 g Eiweiß
19 g Fett
9 g Kohlenhydrate
3 g Ballaststoffe
125 mg Cholesterin

Zubereitungszeit

60 Minuten

Für 4 Portionen

- 8 getrocknete Shiitake-Pilze
- 2 ungehäutete Makrelenfilets (200 g)
- 250 g Lachsfilet
- 1 Heilbuttfilet (350 g)
- 16 große Garnelen
- 2 Frühlingszwiebeln
- 1 rote Paprikaschote
- 2 Stangen Staudensellerie
- 8 Zuckerschoten
- Öl zum Einstreichen
- 1 Stück Ingwerwurzel (5 cm)
- 6 EL Sojasauce
- 2 EL halbtrockener oder lieblicher Weißwein
- 2 EL heller Apfelessig
- 2 EL Erdnussöl

1 Holzkohle zum Grillen zum Glühen bringen. Die Shiitake-Pilze 30 Minuten in lauwarmem Wasser einweichen.

2 Makrelen-, Lachs-, Heilbuttfilets und die Garnelen unter fließendem kaltem Wasser waschen und trockentupfen. Die Makrelenfilets in knapp 1 Zentimeter breite Scheiben, Lachs und Heilbutt in Streifen schneiden.

3 Die Frühlingszwiebeln waschen, putzen und die hellen Teile schräg in 2 Zentimeter breite Streifen schneiden. Die Paprikaschote waschen, Stielansatz, Kerne und Trennwände entfernen und das Fruchtfleisch in feine Streifen schneiden. Den Staudensellerie waschen, putzen und in Stücke schneiden. Die Zuckerschoten waschen, abfädeln und halbieren. Die Pilze abtropfen lassen, die Stiele entfernen und die Hüte vierteln.

4 Acht Stücke Alufolie mit 22 Zentimeter Kantenlänge abschneiden und mit Öl dünn einstreichen. Alle Zutaten darauf verteilen und die Folien beutelartig nach oben ziehen. Den Ingwer schälen und über die Päckcheninhalte reiben.

5 Sojasauce, Weißwein, Apfelessig und Erdnussöl zu einer Marinade verrühren und über die Fisch-Gemüse-Mischung träufeln. Die Päckchen oben zufalzen und über der durchgeglühten Holzkohle auf dem Rost 15 Minuten garen.

6 Dazu passt ein bunter Gemüsereis mit feinen Paprikastreifen, Erbsen und Bohnenkeimen, gewürzt mit Sojasauce, Weißwein und Apfelessig.

So gut kann leichte Küche schmecken – ideal auch für Gäste.

Abendessen

Wenn man abends nach einem anstrengenden Arbeitstag langsam zur Ruhe kommt, verspürt man meist guten Hunger, vor allem auf Würziges und Knackiges. Viele Fatblocker können dieses Bedürfnis stillen.

Buchweizenaufstrich

Buchweizen enthält sehr hochwertiges Eiweiß und ist eine besonders gute Alternative zu Fleisch. Seine Ballaststoffe helfen mit, den Blutfettspiegel zu senken. Der Brotaufstrich passt zu allen Brotsorten.

Pro Portion
1040 kJ/248 kcal
9 g Eiweiß
14 g Fett
21 g Kohlenhydrate
2 g Ballaststoffe
48 mg Cholesterin

Zubereitungszeit
40 Minuten

Für 4 Portionen

- 1 kleine Zwiebel
- 1 EL Olivenöl
- 100 g Buchweizenschrot
- 1/4 l Gemüsebrühe
- 1 rote Paprikaschote
- 1 Knoblauchzehe
- 100 g weiche Butter
- Salz

1 Die Zwiebel abziehen und fein hacken. Das Öl in einem Topf erhitzen und die Zwiebelwürfel darin anbraten. Den Buchweizenschrot unterrühren, bis er vollständig mit Öl überzogen ist. Die Gemüsebrühe angießen und den Topfinhalt zum Kochen bringen. Die Hitzezufuhr abschalten und den Buchweizen in etwa 15 Minuten ausquellen lassen.

2 In der Zwischenzeit die Paprikaschote waschen, Stielansatz, Kerne und Trennwände entfernen und das Fruchtfleisch in sehr kleine Würfel schneiden. Knoblauch abziehen und durch eine Knoblauchpresse drücken.

3 Die Butter in kleine Stücke schneiden und mit dem Buchweizen verrühren, bis sie ganz geschmeidig ist. Die Paprikawürfel, den Knoblauch und Salz untermischen.

4 Den Brotaufstrich bis zum Verzehr in den Kühlschrank stellen.

Joghurtsuppe mit Kichererbsen und Minze

Im Zentrum dieses Rezepts steht die Kichererbse. Sie enthält überdurchschnittlich viele fatblockende Saponine. Die verdauungsfördernde Kraft dieses Gerichts wird außerdem noch durch Joghurt, Pfefferminze und Kurkuma unterstützt.

Für 4 Portionen

- 600 g Joghurt (1,5 % Fett)
- 3 EL Kichererbsenmehl
- 1 Bund Pfefferminze
- 2 EL Öl
- 2 TL brauner Rohrzucker
- Kurkumapulver
- gemahlene Nelken
- 2 TL gemahlener Kreuzkümmel
- Pfeffer aus der Mühle
- etwas Salz

1 Den Joghurt und das Kichererbsenmehl miteinander verrühren. Die Pfefferminze waschen, die Blätter abzupfen und fein hacken.

2 Das Öl in einem Topf erhitzen und Rohrzucker, Kurkumapulver, Nelken, Kreuzkümmel und Pfeffer unter Rühren zufügen.

3 Den angerührten Joghurt und 400 Milliliter Wasser zufügen. Die Minzeblätter einlegen und alles mit Salz würzen. Die Suppe kurz aufkochen und sofort servieren.

Pro Portion

798 kJ/191 kcal
8 g Eiweiß
10 g Fett
17 g Kohlenhydrate
2 g Ballaststoffe
8 mg Cholesterin

Zubereitungszeit

20 Minuten

Die Joghurtsuppe sollte ein strahlendes Gelb aufweisen – ein durchaus erwünschter Nebeneffekt, da leuchtend gelbe Farben laut Farbtherapie appetithemmend wirken.

Konjachirse mit Mangold und Tomaten

Dieses sehr schmackhafte Gericht enthält reichlich fatblockende Stoffe. Dazu gehören die Glukomannane des Konjacmehls, die Sulfide des Knoblauchs und die Faserstoffe von Mangold und Hirse.

Pro Portion
2095 kJ/501 kcal
14 g Eiweiß
14 g Fett
78 g Kohlenhydrate
17 g Ballaststoffe
0 mg Cholesterin

Zubereitungszeit
45 Minuten

Mangold enthält reichlich Kalium, Magnesium, Eisen und Vitamin C.

Für 4 Portionen
- 600 g Mangold
- 2 Tomaten
- 400 g Hirse
- 2 gestrichene EL Konjacmehl
- 700 ml Gemüsebrühe
- Salz
- 2 gestrichene TL Kreuzkümmel
- 1 Zwiebel
- 2 Knoblauchzehen
- 2 EL Olivenöl
- 2 EL Zitronensaft
- Cayennepfeffer

1 Mangold waschen und trockenschütteln; die Stiele abtrennen und in Stücke schneiden. Tomaten waschen, die Stielansätze entfernen und das Fruchtfleisch würfeln.

2 Die Hirse kalt abspülen, abtropfen lassen und in einen Topf geben. Das Konjacmehl mit etwas Gemüsebrühe glatt rühren und dann mit der gesamten Brühe verrühren. Die Brühe unter die Hirse mischen. Den Topfinhalt aufkochen, die Hitze reduzieren und die Hirse bei schwacher Hitze 20 Minuten leise kochen lassen. Mit Salz und Kreuzkümmel würzen.

3 Die Zwiebel und den Knoblauch abziehen und fein hacken. Das Öl in einem großen Topf erhitzen und Zwiebel- und Knoblauchwürfel darin anbraten. Mangoldblätter und -stiele, Tomaten und Zitronensaft zufügen. Zugedeckt etwa 15 Minuten garen. Gemüse mit Salz und Cayennepfeffer würzen.

4 Die Hirse und das Mangoldgemüse auf Tellern anrichten und sofort servieren.

Kohlrabisuppe mit Möhrenklößchen

Dies ist ein Gericht mit einem hohen Anteil an Ballaststoffen, die den Cholesterinspiegel senken und die Fettaufnahme reduzieren. Die wasserlöslichen Pektine der Möhren tragen dazu bei, den Blutfettspiegel zu senken. Die Ballaststoffe vom Hartweizengrieß beschleunigen die Darmpassage der Nahrung, und Konjacmehl gilt traditionell als Cholesterinsenker.

Für 4 Portionen

- 300 g Möhren
- Salz
- 1 Prise Zucker
- 50 g Hartweizengrieß
- 1 EL Mehl
- 1 TL Konjacmehl
- 1 Ei
- Pfeffer aus der Mühle
- 400 g Kohlrabi
- 3/4 l Hühnerbrühe (Instant)
- 1 EL Crème fraîche

1 Möhren waschen, schälen und in Stücke schneiden. In wenig Wasser mit Salz und Zucker aufkochen, die Hitze reduzieren und die Möhren in 15 Minuten garen. Die Möhren abgießen und fein pürieren. Den Möhrenbrei mit Grieß, Mehl, Konjacmehl, Ei und Pfeffer zu einem glatten Teig rühren und gut 30 Minuten quellen lassen.

2 In der Zwischenzeit die Kohlrabi waschen, putzen, schälen und in Streifen schneiden. In einem Topf 1 Tasse Hühnerbrühe aufkochen und die Kohlrabistücke darin in 10 bis 12 Minuten garen. Die Crème fraîche einrühren, salzen und pfeffern. Die Kohlrabistücke fein pürieren.

3 Die restliche Hühnerbrühe aufkochen und die Hitze reduzieren. Von der Möhrenmasse mit zwei Teelöffeln etwa 20 Klößchen abstechen, in die nicht mehr kochende Brühe geben und gar ziehen lassen. Die Klößchen sind gar, wenn sie an der Oberfläche schwimmen. Herausheben und warm halten.

4 Das Kohlrabipüree in die Brühe einrühren und noch einmal kurz aufkochen. Die Möhrenklößchen in die Suppe legen und das Gericht sofort servieren.

Pro Portion

535 kJ/128 kcal
6 g Eiweiß
3 g Fett
18 g Kohlenhydrate
4 g Ballaststoffe
64 mg Cholesterin

Zubereitungszeit

60 Minuten

Misosuppe mit Tofu

Miso und Tofu enthalten als Sojaprodukte große Mengen an Saponinen und Lezithin. Beide Stoffe schützen vor einem erhöhten Cholesterinspiegel, sofern man sie regelmäßig verzehrt.

Pro Portion
782 kJ/187 kcal
14 g Eiweiß
12 g Fett
5 g Kohlenhydrate
5 g Ballaststoffe
0 mg Cholesterin

Zubereitungszeit
35 Minuten

Für 4 Portionen

- 500 g Brokkoli
- 2 Möhren
- 1 l Gemüsebrühe
- 250 g Räuchertofu
- 2 EL Sesamöl
- 2 EL dunkler Miso
- 1 Bund Petersilie

1 Brokkoli in kleine Röschen zerteilen und kurz unter fließendem kaltem Wasser waschen. Die Möhren waschen, nach Bedarf schälen und auf einer Reibe grob raspeln.

2 In einem Topf die Gemüsebrühe zum Kochen bringen. Die Möhren und Brokkoliröschen zufügen und zum Kochen bringen. Die Hitze reduzieren und die Suppe bei schwacher Hitze etwa 10 Minuten leise kochen; das Gemüse soll noch bissfest sein.

3 In der Zwischenzeit den Tofu in kleine Würfel schneiden. Das Sesamöl erhitzen und die Tofuwürfel darin von allen Seiten knusprig braten. Miso in wenig Wasser auflösen und in die Suppe einrühren.

4 Die Petersilie waschen, trockenschwenken und fein hacken. Die Suppe auf tiefe Teller verteilen, die Tofuwürfel einlegen und die Petersilie darüber streuen.

Die Misosuppe kann nach Belieben auch mit anderem Gemüse zubereitet werden.

Tofu mit Liebstöckel und Petersilie

Tofu wird auch als Sojakäse oder als Sojabohnenquark bezeichnet, und als solcher ist er auf ideale Weise als Brotaufstrich geeignet. Mit seinem hohen Eiweißgehalt und seinem niedrigen Fettgehalt trägt er zu einer ausgewogenen Ernährung bei. In diesem Rezept liefert er einen schmackhaften Brotaufstrich, der arm an Kalorien ist und durch die verwendeten Kräuter und den Zitronensaft herrlich erfrischend ist.

Für 4 Portionen

- 2 Knoblauchzehen
- 2 Frühlingszwiebeln
- 400 g Tofu
- 1–2 EL Olivenöl
- 1 EL Sojasauce
- 4 EL Zitronensaft
- 1 EL gehackte Petersilie
- 1 EL gehackter Liebstöckel
- Salz

1 Den Knoblauch abziehen und durch eine Presse drücken. Die Frühlingszwiebeln waschen, putzen und in feine Ringe schneiden.

2 Den Tofu durch ein Sieb in eine Schüssel streichen und mit dem Olivenöl zu einer cremigen Masse verrühren.

3 Knoblauch, Zwiebeln, Sojasauce, Zitronensaft, Petersilie und Liebstöckel unter den Tofu mischen. Den Brotaufstrich leicht salzen.

Pro Portion

920 kJ/220 kcal
17 g Eiweiß
15 g Fett
5 g Kohlenhydrate
1 g Ballaststoffe
0 mg Cholesterin

Zubereitungszeit

15 Minuten

Der Name Frühlingszwiebel ist etwas irreführend, da die mit Grün geernteten Zwiebeln das ganze Jahr erhältlich sind.

Topinamburcremesuppe

Durch seinen speziellen Zucker Inulin sorgt Topinambur für einen stabilen Blutzuckerspiegel und damit für einen andauernden Sättigungseffekt; zudem wird die Abspeicherung von Depotfett reduziert. Die Sättigung wird hier noch durch die Kohlenhydrate der Kartoffel verstärkt.

Pro Portion

577 kJ/138 kcal
6 g Eiweiß
6 g Fett
15 g Kohlenhydrate
15 g Ballaststoffe
15 mg Cholesterin

Zubereitungszeit

35 Minuten

Für 4 Portionen

- 1 Zwiebel
- 1 Knoblauchzehe
- 350 g Topinambur
- Zitronensaft
- 1 mittelgroße Kartoffel
- 1 Möhre
- 1 l Gemüsebrühe
- 50 g Rucola (Rauke)
- frisch geriebene Muskatnuss
- Salz
- Pfeffer aus der Mühle
- 4 EL Joghurt (3,5 % Fett)

1 Zwiebel und Knoblauch abziehen und klein würfeln. Topinambur waschen, schälen, in Würfel schneiden und sofort in etwas Wasser mit Zitronensaft legen, damit er sich nicht verfärbt. Kartoffel und Möhre waschen, schälen und in Würfel schneiden.

2 Die Gemüsebrühe mit allen vorbereiteten Zutaten in einem Topf zum Kochen bringen, die Hitze reduzieren und das Gemüse in etwa 15 Minuten weich kochen.

3 Rucola waschen, abtropfen lassen und grob zerkleinern.

4 Den Topfinhalt pürieren und die Suppe mit Muskatnuss, Salz und Pfeffer würzen. Kurz vor dem Servieren den Joghurt und den Rucola unterrühren.

info

Topinambur wird bei uns nicht nur als Nahrungsmittel verkauft. Man erhält seine Extrakte auf Inulinbasis auch in Apotheken. Er wird bei Verstopfung und Übergewicht empfohlen sowie als Unterstützung der Diabetestherapie, da sein Inhaltsstoff Inulin fast ausschließlich aus dem Zucker Fruktose besteht, der den Blutzuckerspiegel nicht belastet.

Rooibossuppe mit Gemüseallerlei

Diese Suppe lässt kaum geschmackliche Wünsche offen: Der Rotbuschtee sorgt für die süßliche Note, die Gewürznelken für die Schärfe, der Speck für das Salzige und die Gewürze für das Bittere. Zudem sorgen Staudensellerie und weiße Bohnen durch ihre Ballaststoffe für eine gute Sättigung.

Für 12 Portionen

- 500 g weiße Bohnen
- Salz
- 6 EL Rooibosteeblätter
- 250 g Speck
- 1 Zwiebel
- 2 Knoblauchzehen
- 2 Stangen Staudensellerie
- 1 Möhre
- 3 Babykürbisse
- 2 Stangen Porree
- 1/2 Kohlkopf
- 1 TL getrockneter Rosmarin
- 30 g Tomatenmark
- 1 Gewürznelke
- 1 TL getrocknetes Basilikum
- 3 TL fein gehackte Petersilie
- Pfeffer aus der Mühle

1 Die Bohnen kalt waschen, mit Salzwasser aufkochen und etwa 5 Minuten kochen. Von der Kochstelle nehmen und die Bohnen 60 Minuten einweichen lassen.

2 Den Topfinhalt erneut aufkochen, die Hitze reduzieren und die Bohnen etwa 90 Minuten leise kochen lassen, bis sie gar sind.

3 Inzwischen die Teeblätter mit 3 Liter kochendem Wasser aufgießen, 3 Minuten ziehen lassen und abseihen. Speck klein würfeln. Zwiebel und Knoblauch abziehen und fein hacken. Sellerie, Möhre, Kürbisse und Porree waschen, putzen und in dünne Scheiben schneiden. Die Blätter vom Kohl ohne den Strunk in Streifen schneiden.

4 In einer Pfanne den Speck ohne Fettzugabe braten. Zwiebel, Knoblauch, Sellerie, Möhre und Rosmarin zufügen und anbraten.

5 Pfanneninhalt, Tee, Kürbis, Porree, Kohl, Tomatenmark, Gewürznelke, Basilikum und Petersilie in den Bohnentopf geben und alles noch einmal 30 Minuten leise kochen lassen. Salzen und pfeffern.

Pro Portion
2430 kJ/581 kcal
40 g Eiweiß
21 g Fett
58 g Kohlenhydrate
26 g Ballaststoffe
38 mg Cholesterin

Zubereitungszeit
2 Stunden

Einweichzeit
60 Minuten

Der südafrikanische Rooibos- oder Rotbuschtee hat nichts mit Grünem oder Schwarzem Tee gemein. Er wird aus einer anderen Pflanze gewonnen. Er enthält kein Koffein, dafür aber zwei natürliche Süßstoffe, die ihm ein liebliches Aroma und einen fruchtigen Geschmack verleihen.

Gelber Gram-Dal

Dieses indische Erbsengericht ist leicht verdaulich und wirkt sich positiv auf unseren Fetthaushalt aus. Im Zentrum stehen die Kichererbsen. Sie enthalten überdurchschnittlich viele fatblockende Saponine.

Pro Portion
2290 kJ/547 kcal
23 g Eiweiß
21 g Fett
67 g Kohlenhydrate
15 g Ballaststoffe
0 mg Cholesterin

Zubereitungszeit
10 Minuten

Garzeit
90 Minuten

Für 4 Portionen

- 500 g halbierte, getrocknete Kichererbsen
- 4 EL Öl
- 4 TL brauner Rohzucker
- 2 TL gemahlener Koriander
- 2 Messerspitzen Kreuzkümmel
- 4 TL zerstoßener Kurkuma
- Salz
- Pfeffer aus der Mühle

1 Die Kichererbsen kurz unter kaltem Wasser abspülen und in einem Sieb abtropfen lassen. Das Öl in einem Topf erhitzen und den Zucker unter Rühren darin schmelzen lassen. Koriander, Kreuzkümmel und Kurkuma zufügen und kurz anrösten.

2 4 Liter warmes Wasser und die Kichererbsen zugeben. Die Suppe bei schwacher Hitze im offenen Topf etwa 90 Minuten leise kochen lassen. Vor dem Servieren mit Salz und Pfeffer würzen.

Die im Gram-Dal verwendete Kurkuma wirkt sich positiv auf den Fettstoffwechsel aus.

Salate

Für abwechslungsreiche Frische auf dem Speiseplan ist gesorgt, wenn man verschiedene Fatblocker enthaltende Lebensmittel miteinander kombiniert. Vor allem ballaststoffreiches Obst und Gemüse sind dafür geeignet.

Fruchtsalat mit Garnelen

Ein sättigendes Fischgericht, das durch die Bananen reichlich Kohlenhydrate enthält. Orangen sorgen für einen hohen Anteil fatblockender Stoffe wie Hesperidin und wasserlöslicher Ballaststoffe.

Für 4 Portionen

- 75 g Nudeln
- Salz
- 4 Fenchelknollen
- 4 Bananen
- 2 Orangen
- 2 EL Öl
- 200 g Tiefseegarnelen
- Currypulver

Für die Salatsauce:

- 500 g Joghurt (1,5 % Fett)
- 4 EL Sojasauce
- 8 EL Orangensaft
- Currypulver
- Salz

1 Die Nudeln in kochendes Salzwasser geben und darin nach Packungsanleitung bissfest garen.

2 Den Fenchel waschen, putzen und in schmale Streifen schneiden. Die Bananen schälen und in Scheiben schneiden. Die Orangen waschen, die Schale abtrennen und das Fruchtfleisch in Stücke schneiden.

3 Für die Salatsauce Joghurt, Sojasauce und Orangensaft verrühren. Mit Currypulver und Salz würzen.

4 Die Nudeln abgießen, kalt abschrecken und gut abtropfen lassen. Fenchel, Früchte und Nudeln vermischen und die Salatsauce darüber geben.

5 Das Öl erhitzen, die Garnelen darin kurz braten und mit Currypulver würzen. Die Garnelen auf dem Salat anrichten.

Pro Portion

1470 kJ/351 kcal
22 g Eiweiß
7 g Fett
47 g Kohlenhydrate
8 g Ballaststoffe
100 mg Cholesterin

Zubereitungszeit

40 Minuten

Rote-Bete-Salat

In Kombination mit Orangen ergeben Rote Bete einen geschmacklich interessanten Salat. Beide Lebensmittel sind bestens dazu geeignet, eine fettreduzierte Kost mitzugestalten. Orangen weisen einen hohen Anteil an wasserlöslichen, fatblockenden Ballaststoffen auf.

Pro Portion
594 kJ/142 kcal
3 g Eiweiß
6 g Fett
26 g Kohlenhydrate
6 g Ballaststoffe
0 mg Cholesterin

Zubereitungszeit
30 Minuten

Einweichzeit
über Nacht

Für 4 Portionen

- 400 g Rote Bete
- 2 EL Agavendicksaft (Reformhaus, Naturkostladen)
- 4 EL Zitronensaft
- 2 Fenchelknollen
- 2 Orangen
- 2 EL Olivenöl
- Salz
- weißer Pfeffer aus der Mühle

1 Die Rote-Bete-Knollen waschen, schälen, in kleine Würfel schneiden und in einen Topf mit etwa 200 Milliliter Wasser geben. Den Agavendicksaft einrühren. Alles zum Kochen bringen und zugedeckt bei schwacher Hitze 8 bis 10 Minuten leise kochen lassen. Den Topf von der Kochstelle nehmen und den Zitronensaft unter die Rote Bete mischen. In den Kühlschrank stellen und über Nacht durchziehen lassen.

2 Am nächsten Tag die Rote Bete abtropfen lassen. Die Fenchelknollen waschen, putzen, längs halbieren und in dünne Streifen schneiden. Die Orangen schälen und in dünne Scheiben schneiden, dabei den austretenden Saft auffangen. Den Saft mit dem Olivenöl verrühren, salzen und pfeffern. Die Fenchelscheiben mit dem gewürzten Orangensaft beträufeln.

3 Rote Bete, Orangen- und Fenchelscheiben zusammen auf Tellern anrichten und servieren.

info

Agavendicksaft ist ein interessantes Süßungsmittel. Im Unterschied zum raffinierten Rübenzucker ist er reich an Biostoffen und besitzt zudem eine angenehm cremige Konsistenz.

Bohnen-Bananen-Salat

Bohnen enthalten große Mengen an Saponinen, von denen bekannt ist, dass sie auf vielfältige Weise die Fettaufnahme reduzieren.

Für 4 Portionen

- 200 g schwarze Bohnen
- Salz
- 2 mittelgroße Bananen
- etwas Zitronensaft

Für die Salatsauce:

- 1/2 kleine Mango
- 1 kleine Papaya
- Saft von 1/2 Zitrone
- 2 EL Weizenkeimöl
- Currypulver
- etwas frisch geriebener Ingwer
- 1 Prise Zucker
- Salz
- Pfeffer aus der Mühle

Außerdem:

- Zitronenmelisse

1 Die Bohnen mit kaltem Wasser bedecken und 8 Stunden, am besten über Nacht, einweichen.

2 Das Einweichwasser wegschütten. Die Bohnen mit Salzwasser aufkochen und bei geringer Hitze 70 Minuten garen. Bohnen kalt abbrausen und abtropfen lassen.

3 Die Bananen schälen, in Scheiben schneiden, mit Zitronensaft beträufeln und unter die Bohnen mischen.

4 Mango und Papaya waschen, schälen und entkernen. Eine Papayahälfte in Spalten schneiden. Das restliche Obst mit dem Zitronensaft pürieren. Das Öl unterrühren und die Sauce mit Currypulver, Ingwer, Zucker, Salz und Pfeffer pikant würzen.

5 Die Sauce auf Teller geben und verstreichen. Bohnen und Bananen darauf anrichten.

6 Die Zitronenmelisse waschen. Den Salat mit Papayaspalten und Melisse garnieren.

Pro Portion

1053 kJ/252 kcal
12 g Eiweiß
7 g Fett
34 g Kohlenhydrate
10 g Ballaststoffe
0 mg Cholesterin

Zubereitungszeit

20 Minuten

Einweichzeit

8 Stunden

Garzeit

70 Minuten

Papayas enthalten viel Vitamin C und Beta-Karotin. Damit sind sie nicht nur im Winter wahre Fitnessfrüchte.

Indischer Nudelsalat

Dieses Erbsengericht ist leicht verdaulich und wirkt positiv auf unseren Fetthaushalt. Im Zentrum stehen die Kichererbsen, die überdurchschnittlich viele fatblockende Saponine enthalten.

Pro Portion
1977 kJ/473 kcal
28 g Eiweiß
15 g Fett
56 g Kohlenhydrate
7 g Ballaststoffe
108 mg Cholesterin

Zubereitungszeit
40 Minuten

Für 4–6 Portionen

- 250 g schmale Bandnudeln
- Salz
- 2 EL Rapsöl
- 1 rote Zwiebel
- 2 Tomaten
- 1 Stange Staudensellerie
- 100 g Mixed Pickles (Glas)
- 200 g Kichererbsen (Dose)
- 250 g Hähnchenbrustfleisch
- 1 EL Butter
- Pfeffer aus der Mühle
- 1 EL Sesamsaat
- 2 EL gehacktes Koriandergrün
- 1 Zitrone, in Schnitze geschnitten

Für die Salatsauce:

- 125 g Joghurt (3,5 % Fett)
- 1 EL Apfelessig
- 2 EL Rapsöl
- 1 TL frisch gehackter Ingwer
- 1 TL Kurkumapulver

1 Nudeln in kochendem Salzwasser bissfest garen, abgießen und mit 1 Esslöffel Öl mischen.

2 Zwiebel abziehen und in Ringe schneiden. Tomaten waschen, Stielansätze entfernen und das Fruchtfleisch vierteln. Sellerie waschen, putzen und die Stange in Stücke schneiden. Mixed Pickles und Kichererbsen abgießen.

3 Das Hähnchenbrustfleisch in Streifen schneiden. Das restliche Öl mit der Butter erhitzen und das Fleisch darin braten. Salzen und pfeffern. Den Sesam an der Seite einstreuen und kurz mitbraten, bis er Farbe angenommen hat. Die Fleischstreifen zum Entfetten auf Küchenkrepp legen. Den Sesam zum Gemüse geben.

4 Für die Sauce Joghurt, Essig, Öl, Ingwer und Kurkuma verrühren.

5 In einer Schüssel die Nudeln mit dem Gemüse vermischen und die Sauce unterziehen. Die Hähnchenstreifen auf dem Salat verteilen. Mit Koriandergrün und Zitronenschnitzen garnieren.

Apfel-Rettich-Salat

In diesem Salat werden scharfe, süße, saure und bittere Geschmacksnoten miteinander kombiniert. Die Pektine des Apfels sowie die Fettsäuren und Kohlenhydrate der Walnuss sorgen für eine lang anhaltende Sättigung.

Für 4 Portionen

Für die Marinade:

- 50 g Walnusskerne
- 125 g Joghurt (1,5 % Fett)
- 1 TL Senf
- 1 TL geriebener Meerrettich (aus dem Glas)
- Zitronensaft
- Salz
- weißer Pfeffer aus der Mühle

Für den Salat:

- 2 süßsäuerliche Äpfel
- 1 weißer Rettich

1 Walnusskerne grob hacken. Für die Marinade Joghurt, Senf, Meerrettich und Walnusskerne vermischen und mit Zitronensaft, Salz und Pfeffer würzen.

2 Die Äpfel waschen, vierteln, Kerngehäuse entfernen und das Fruchtfleisch quer in Scheiben schneiden. Den Rettich waschen, schälen und in dünne Scheiben schneiden. Beides unter die Marinade heben und den Salat 10 Minuten durchziehen lassen.

Pro Portion

586 kJ/136 kcal
4 g Eiweiß
9 g Fett
11 g Kohlenhydrate
3 g Ballaststoffe
2 mg Cholesterin

Zubereitungszeit

35 Minuten

Der Apfel-Rettich-Salat ist ideal für die Mittagspause im Büro.

Knuspriger Apfelsalat

Äpfel und Bananen sind reich an Pektinen und verwertbaren Kohlenhydraten, die für eine lang anhaltende Sättigung sorgen. Apfelessig stabilisiert das Darmmilieu und gilt als wirksame Diäthilfe. Die Haselnuss enthält viele Ballaststoffe und B-Vitamine für den Stoffwechsel. Durch die Kombination von süßsauren Obstarten mit deftigem Schinken und herben Haselnüssen bleiben geschmacklich keine Wünsche offen.

Pro Portion

1437 kJ/344 kcal
10 g Eiweiß
23 g Fett
24 g Kohlenhydrate
5 g Ballaststoffe
19 mg Cholesterin

Zubereitungszeit

30 Minuten

Für 4 Portionen

Für den Salat:

- 150 g Frühstücksschinken
- 3 leicht säuerliche Äpfel
- 2 Bananen
- 2 Stangen Staudensellerie
- 2 Frühlingszwiebeln
- 1 EL Zitronensaft
- 1 TL abgeriebene Zitronenschale
- 1/2 Bund Schnittlauch
- 1/2 Bund Petersilie
- 50 g gehackte Haselnüsse

Für die Marinade:

- 2 EL Apfelessig
- 4 EL Öl
- Salz
- Pfeffer aus der Mühle

1 Schinken klein würfeln. In einer beschichteten Pfanne knusprig ausbraten, herausnehmen und auf Küchenpapier abtropfen lassen.

2 Die Äpfel waschen, halbieren, Kerngehäuse entfernen und das Fruchtfleisch in Stücke schneiden. Die Bananen schälen und in Scheiben schneiden. Den Sellerie waschen, putzen und die Stangen in kleine Stücke schneiden. Die Frühlingszwiebeln waschen, putzen und in Ringe schneiden. Das Obst und das Gemüse in eine Schüssel geben und alles mit Zitronensaft und -schale vermischen.

3 Die Kräuter waschen und abtropfen lassen, den Schnittlauch in Röllchen schneiden und die Petersilie fein hacken. Kräuter und Schinken unter die Salatzutaten in der Schüssel mischen.

4 Essig und Öl miteinander verrühren, salzen und pfeffern. Die Marinade über den Salat geben. Salat mit Haselnüssen bestreuen.

Spargel-Tofu-Salat

Der Sojakäse Tofu versorgt uns mit reichlich hochwertigem Eiweiß – und das bei relativ wenigen Kalorien. Da er fettarm, cholesterinfrei und reich an B-Vitaminen ist, eignet er sich gut als Fleischersatz. Dieser Spargel-Tofu-Salat ist mehr als nur eine Vorspeise. Aufgrund seines hohen Anteils an Eiweiß und seines hohen Sättigungsgrades bietet er sich auch als Hauptgericht an.

Für 4 Portionen

- 400 g Spargel
- 3 EL Sojasauce
- 2 Frühlingszwiebeln
- 1 Kästchen Kresse
- 250 g Tofu

Für die Salatsauce:

- 1 Stück frischer Ingwer (3 cm)
- 4 EL Sojasauce
- 4 EL Zitronensaft
- abgeriebene Schale von 1/2 unbehandelten Zitrone
- 3 TL Zucker
- 5 EL Olivenöl

1 Spargel waschen, schälen und die harten Enden abschneiden. Die Köpfe abtrennen und die Stangen schräg in 5 Zentimeter lange Stücke schneiden. In einem Topf 100 Milliliter Wasser mit der Sojasauce aufkochen. Die Stangenstücke einlegen und darin zunächst nur 2 Minuten garen, die Spargelköpfe zufügen und für weitere 3 Minuten mitgaren. Den Topf beiseite nehmen und den Spargel ziehen lassen.

2 Frühlingszwiebeln waschen, putzen und in Ringe schneiden. Die Kresse waschen und trockentupfen. Tofu abspülen, abtropfen lassen und in Stücke schneiden. Den Spargel aus seinem Sud heben und abtropfen lassen. Alle Salatzutaten miteinander vermischen.

3 Für die Salatsauce den Ingwer schälen und in eine kleine Schüssel fein reiben. Sojasauce, Zitronensaft und -schale, Zucker und Öl zufügen und alles gut verrühren.

4 Salatsauce unter den Salat mischen. Den Salat vor dem Servieren 30 Minuten durchziehen lassen.

Pro Portion

1233 kJ/295 kcal
14 g Eiweiß
22 g Fett
11 g Kohlenhydrate
3 g Ballaststoffe
0 mg Cholesterin

Zubereitungszeit

35 Minuten

Durchziehzeit

30 Minuten

Nudel-Geflügel-Salat

Dies ist ein mageres Fleischgericht mit zahlreichen Beigaben, die für eine Diät günstig sind. Ingwer und Chilipfeffer besitzen positive Wirkungen auf den Stoffwechsel, die Saponine der Sojasauce wirken als Fatblocker. Die Orangen enthalten einen Stoff namens Hesperidin, der die Aktivitäten des fettaufspaltenden Enzyms Lipase hemmt.

Pro Portion
1950 kJ/466 kcal
39 g Eiweiß
9 g Fett
53 g Kohlenhydrate
7 g Ballaststoffe
141 mg Cholesterin

Zubereitungszeit
50 Minuten

Marinierzeit
über Nacht

Für 4 Portionen

Für den Salat:

- 500 g Hühnerbrüste ohne Knochen
- 1 Zitrone
- 1 Stück Zitronengras
- 1 TL Cayennepfeffer
- 1 Orange
- 1 rote Paprikaschote
- 1 Kopf Eisbergsalat
- 1 kleiner Radicchio
- 250 g Hörnchennudeln
- Salz
- 1 EL Erdnussöl

Für die Salatsauce:

- 3 EL Weißweinessig
- 1 EL Sojasauce
- 1 EL Honig
- 2 EL gehackter Ingwer
- 1 EL gehacktes Koriandergrün
- 1 gestrichener TL Chilipfeffer
- 4 EL Öl

Außerdem:

- 2 EL fein gehackte glatte Petersilie

1 Die Hühnerbrüste unter fließendem kaltem Wasser waschen und mit Küchenpapier trockentupfen. Die Brüste halbieren, eventuell vorhandenes Fett abschneiden und das Fleisch in eine flache Auflaufform legen. Die Zitrone halbieren, auspressen und den Saft über das Fleisch träufeln. Das Zitronengras waschen, in Scheiben schneiden und zusammen mit dem Cayennepfeffer gleichmäßig darüber geben. Die Form mit Klarsichtfolie abdecken und das Fleisch über Nacht im Kühlschrank marinieren.

2 Am nächsten Tag für die Salatsauce zunächst alle Zutaten bis auf das Öl mit 1 Teelöffel Wasser in einem Mixer vermischen. Das Öl in einem dünnen Strahl langsam zugießen und dabei weiter mixen, bis die Salatsauce eine cremige Konsistenz hat. Nach Wunsch noch etwas von der Zitronengrasmarinade unter das Dressing rühren.

3 Die Orange heiß waschen, abtrocknen, dick schälen und die einzelnen Fruchtfilets aus den Trennhäuten lösen. Die Paprikaschote waschen, putzen und das Fruchtfleisch in Streifen schneiden. Eisbergsalat und Radicchio waschen, abtropfen lassen, in mundgerechte Stücke zupfen und miteinander vermengen.

4 Die Nudeln in sprudelndem Salzwasser bissfest garen. Abgießen und noch warm mit der Hälfte der Salatsauce vermischen.

5 Inzwischen das Öl erhitzen und das marinierte Fleisch darin pro Seite in 3 bis 4 Minuten goldbraun braten. Herausnehmen und schräg in Streifen schneiden.

6 Die Blattsalate auf Teller geben. Die Nudeln darauf anrichten, die Fleischstreifen, die Orangenfilets und die Paprikastreifen darauf anrichten. Die restliche Salatsauce darüber träufeln und den Salat mit der Petersilie garnieren.

Da das Hühnerfleisch über Nacht mariniert wird, lässt sich der Nudel-Geflügel-Salat wunderbar vorbereiten.

Bohnen-Kartoffel-Salat

Laut einer australischen Studie der Universität Sydney besitzen Kartoffeln den höchsten Sättigungsgrad im Vergleich zu ihrem geringen Energiegehalt. Ergänzt werden sie in diesem Rezept durch die cholesterinsenkenden Ballaststoffe der Bohnen.

Pro Portion
1141 kJ/273 kcal
7 g Eiweiß
16 g Fett
24 g Kohlenhydrate
7 g Ballaststoffe
35 mg Cholesterin

Zubereitungszeit
50 Minuten

Bohnen enthalten nicht nur cholesterinsenkende Ballaststoffe, sondern auch eine Menge an Saponinen (18 Milligramm auf 1 Kilogramm). Diese Stoffe beeinflussen den Fettstoffwechsel günstig.

Für 4 Portionen

- 500 g frische Brechbohnen
- Salz
- frisch geriebene Muskatnuss
- 500 g kleine Kartoffeln
- 3 EL Kümmel
- 3 Tomaten
- 1 kleine Zwiebel
- 2 EL Remouladensauce
- 4 EL Sahne
- 1 TL Zitronensaft
- 1 Bund Schnittlauch

1 Die Bohnen waschen, die Enden abschneiden und wenn nötig die Fäden abziehen. Die Bohnen in Stücke brechen. In kochendes Salzwasser mit reichlich Muskatnuss geben und bei mittlerer Hitze etwa 20 Minuten garen.

2 Die Kartoffeln waschen und kräftig abbürsten. Ungeschält in einen Topf mit wenig Salzwasser mit dem Kümmel legen, aufkochen und bei mittlerer Hitze etwa 20 Minuten garen.

3 In der Zwischenzeit die Tomaten waschen und in Spalten schneiden. Die Zwiebel abziehen und fein hacken. Die Remouladensauce mit Sahne und Zitronensaft verquirlen und leicht salzen. Den Schnittlauch waschen und in Röllchen schneiden.

4 Die Bohnen abgießen und kalt abschrecken. Die Kartoffeln abgießen, pellen und noch heiß in Scheiben schneiden. Die Bohnen und die Tomatenspalten unterheben. Die Salatsauce darüber gießen, Zwiebelwürfel und Schnittlauchröllchen darüber streuen und alles leicht vermengen. Vor dem Servieren etwas durchziehen lassen.

Bananensalat mit Garnelen

Garnelen enthalten L-Carnitin, eine Substanz, die den Fettstoffwechsel mobilisiert und – zusammen mit sportlicher Betätigung – den Aufbau von Muskeln fördert. In diesem Salat werden sie durch ballaststoffreiches Obst und Gemüse begleitet und auf interessante Art gewürzt.

Für 4 Portionen

Für die Mayonnaise:

- 1 Bund Schnittlauch
- 1 Bund Petersilie
- 1 Ei
- 1 TL scharfer Senf
- 2 EL Zitronensaft
- Cayennepfeffer
- Salz
- 3 EL Öl
- 150 g Joghurt (1,5 % Fett)

Für den Salat:

- 2 mittelgroße Bananen
- 1 Orange
- 1/2 Ananas (200 g Fruchtfleisch)
- 1 säuerlicher Apfel
- 200 g Möhren
- 250 g Garnelen

1 Die Kräuter waschen, den Schnittlauch in dünne Röllchen schneiden und die Petersilie fein hacken. Das Ei mit Senf, Zitronensaft, einer kräftigen Prise Cayennepfeffer und Salz verrühren. Das Öl zuerst tropfenweise, dann in feinem Strahl in die Eimasse einrühren. Den Joghurt und die Kräuter untermischen. Die Mayonnaise bis zur Verwendung kühl stellen.

2 Die Bananen schälen und in Scheiben schneiden. Die Orange heiß waschen, schälen und das Fruchtfleisch in Stücke schneiden. Die Ananas schälen und das Fruchtfleisch in Stücke schneiden. Den Apfel waschen, das Kerngehäuse entfernen, das Fruchtfleisch raspeln und sofort mit der Orange mischen.

3 Die Möhren waschen, schälen und fein raspeln. Die Garnelen putzen, unter fließendem kaltem Wasser abspülen, trockentupfen und nach Bedarf halbieren. Das Obst, die Möhren und die Garnelen mit der Joghurtmayonnaise vermischen.

Pro Portion

1290 kJ/308 kcal
18 g Eiweiß
13 g Fett
29 g Kohlenhydrate
5 g Ballaststoffe
156 mg Cholesterin

Zubereitungszeit

30 Minuten

Süße Snacks

Abnehmen und etwas Süßes genießen muss sich nicht ausschließen. Im Gegenteil – mit ballaststoffreichen, gesüßten Kleinigkeiten kann man den kleinen Hunger überbrücken. Verschiedene Fatblocker lassen sich bestens dazu verwenden.

Flohsamenkrokant

Krokant lässt sich nicht nur aus Nüssen oder Mandeln herstellen, auch ballaststoffreiche Körner liefern ein hervorragendes Ergebnis. Krokant kann für sich alleine als Süßigkeit oder in Müsli verzehrt werden.

Insgesamt
6920 kJ/1670 kcal
37 g Eiweiß
79 g Fett
318 g Kohlenhydrate
40 g Ballaststoffe
0 mg Cholesterin

Zubereitungszeit
25 Minuten

Auskühlzeit
30 Minuten

Für 1/2 Blech

- 50 g Sonnenblumenkerne
- 50 g Sesamsamen
- 50 g Kürbiskerne
- 20 g Leinsamen
- 30 g Flohsamen
- 300 g Isomalt
- Öl für das Backblech

1 Alle Kerne und Samen in einer Pfanne ohne Fett rösten, bis sie hellbraun sind. In eine Schüssel geben.

2 Das Isomalt in die Pfanne geben und bei mittlerer Hitze unter Rühren schmelzen lassen. Ein Backblech mit Öl auspinseln. Die Pfanne von der Kochstelle nehmen und die Körner unterrühren.

3 Die Mischung etwa 3 Millimeter dick auf das Backblech streichen und auskühlen lassen. Die erstarrte Masse in Stücke brechen.

→ Tipp

Der Flohsamenkrokant lässt sich auch mit Zucker herstellen, Isomalt hat jedoch den Vorteil, dass es weniger Karies hervorruft. Auch zieht Isomaltkrokant weniger Wasser an und bleibt dadurch hart und länger haltbar. Isomalt ist eine Mischung aus Sorbit, Mannit und Glukose.

Erdbeer-Konjac-Mus

Dies ist ein Snack für zwischendurch, der sich aber auch zum Frühstück eignet. Bei dem Verzehr von Speisen, die mit Konjacmehl angedickt sind, muss man immer viel dazu trinken, denn das Mehl quillt stark auf.

Pro Portion
309 kJ/74 kcal
4 g Eiweiß
2 g Fett
9 g Kohlenhydrate
9 g Ballaststoffe
6 mg Cholesterin

Zubereitungszeit
20 Minuten

Für 4 Portionen

- 300 g Erdbeeren
- 400 ml Milch (1,5 % Fett)
- 2 gestrichene EL Konjacmehl
- etwas Vanillemark
- Zimtpulver

1 Die Erdbeeren waschen, putzen, klein schneiden und mit einer Gabel zerdrücken.

2 Die Milch mit dem Konjacmehl vermischen und sämig werden lassen. Die Milch mit Vanillemark und Zimt würzen und mit dem Erdbeermus vermischen.

Fruchtige Guarkaltschale

Guarkernmehl beschleunigt die Darmpassage der Nahrung, so dass der Nahrungsbrei kürzer im Darm verweilt und weniger Fette an den Körper abgeben kann. Hinzu kommt, dass Guar als natürlicher Lipasehemmer wirkt und damit ein wichtiges Enzym der Fettaufnahme blockiert.

Pro Portion
302 kJ/72 kcal
2 g Eiweiß
1 g Fett
14 g Kohlenhydrate
2 g Ballaststoffe
0 mg Cholesterin

Zubereitungszeit
20 Minuten

Kühlzeit
2 Stunden

Für 4 Portionen

- 500 g Früchte nach Wahl (Äpfel, Erdbeeren, Aprikosen)
- 2 gestrichene TL Guarkernmehl
- 3 TL Honig
- 2 EL Zitronensaft

1 Obst waschen, putzen und nach Bedarf etwas zerkleinern. In einen Mixer geben und fein pürieren.

2 Das Guarkernmehl in 1/2 Liter Wasser einrühren und unter das Obst mischen. Die Creme mit Honig und Zitronensaft würzen.

3 Die Fruchtschale bis zum Verzehr etwa 2 Stunden kalt stellen.

Haferkleiemuffins

In mehreren Untersuchungen konnte bewiesen werden, dass Haferkleie den Fettstoffwechsel günstig beeinflusst und dabei vor allem den Cholesterinspiegel senkt.

Pro Stück
950 kJ/227 kcal
11 g Eiweiß
13 g Fett
17 g Kohlenhydrate
19 g Ballaststoffe
2 mg Cholesterin

Zubereitungszeit
25 Minuten

Backzeit
20 Minuten

Für 12 Stück

- 200 g Nüsse (Walnüsse, Erdnüsse, Pekannüsse)
- 450 g Haferkleie
- 3 EL Rosinen
- 1 gestrichener EL Backpulver
- 3 EL brauner Zucker
- 2 Eiweiß
- 300 ml Milch (1,5 % Fett)
- 2 EL Erdnussöl

Außerdem:

- Fett oder Papierbackförmchen für die Form

1 Den Backofen auf 220 °C (Umluft 200 °C, Gas Stufe 4–5) vorheizen. Das Muffinblech einfetten oder mit Papierförmchen auslegen.

2 Die Nüsse fein mahlen oder klein hacken. Haferkleie, Nüsse, Rosinen, Backpulver und Zucker miteinander vermischen.

3 Eiweiß zu Eischnee steif schlagen. Die Milch mit dem Erdnussöl vermengen. Die Flüssigkeit zu der Haferkleiemischung geben und nur ganz kurz unterrühren. Den Eischnee unterheben.

4 Den Teig in die Form füllen, in den Backofen stellen und die Muffins etwa 20 Minuten backen. Mit einem Holzstäbchen eine Garprobe machen und die Muffins eventuell etwas länger backen. Auf einem Kuchengitter auskühlen lassen.

→ Tipp

Die Muffins kann man in Plastikbeuteln aufbewahren, damit sie frisch bleiben. Falls sie nicht innerhalb von drei Tagen gegessen werden, kann man sie auch im Kühlschrank aufbewahren. Vor dem Verzehr kurz in den heißen Backofen legen, damit sie wieder frisch werden. Muffins halten sich in der Tiefkühltruhe über Monate.

Kefirbratäpfel

Dieses Vollwertrezept sollte in keiner Diät fehlen, denn es sorgt für eine lang andauernde Sättigung. Äpfel enthalten als Fatblocker viel Pektin, und Kefir ist bei geringem Fettanteil reich an hochwertigem Eiweiß.

Für 4 Portionen

- 4 mittelgroße säuerliche Äpfel
- 4 Walnusskerne
- 2 TL Kefir (10 % Fett)
- 1/2 TL geriebene Zitronenschale

1 Den Backofen auf 190 °C (Umluft 170 °C, Gas Stufe 3) vorheizen. Ein Backblech mit Backpapier auslegen.

2 Die Äpfel waschen und die Kerngehäuse so ausstechen, dass die Äpfel ganz bleiben.

3 Die Walnüsse fein hacken. Zusammen mit Kefir und Zitronenschale vermischen. Die Mischung in die Äpfel füllen.

4 Die gefüllten Äpfel auf das Backblech setzen und im heißen Backofen etwa 20 Minuten backen.

Pro Portion

460 kJ/110 kcal
2 g Eiweiß
6 g Fett
12 g Kohlenhydrate
2 g Ballaststoffe
4 mg Cholesterin

Zubereitungszeit

10 Minuten

Backzeit

20 Minuten

Solch ein duftender Bratapfel schmeckt garantiert nicht nur im Winter.

Getränke

In vielen Ländern genießt die Teekultur ein hohes Ansehen. Man nimmt sich die Zeit, die Zubereitung und das Trinken der aufgebrühten Blätter regelrecht zu zelebrieren. Auch wir können von den Heilwirkungen der Tees profitieren und etwas Gelassenheit in den Alltag übernehmen.

Pu-Erh und Show Mee

Kennzeichen der Weißen Tees ist der silbrigweiße Flaum auf den Blättern. Hierzulande bekommt man die Show-Mee-Sorte relativ selten, ersatzweise kann man aber auch auf den gängigeren Pai Mu Tan zurückgreifen.

Dies ist eine Mischung edler Teesorten. Show Mee gehört zu den so genannten Weißen Tees. Dabei handelt es sich um schwach anfermentierte Grüntees, die hauptsächlich im Süden Chinas hergestellt werden. Sie zählen zu den Teeraritäten, früher war ihr Verzehr sogar ausschließlich auf den Kaiserhof beschränkt.
Die Mischungen aus Pu-Erh und Weißem Tee gelten in der Traditionellen Chinesischen Medizin als kühlend, d. h., sie helfen gegen Bluthochdruck, Schwindel, Hitzewallungen und Fieber. Mischungen aus Pu-Erh und Show Mee gelten aber auch als kulinarischer Hochgenuss. Sie werden in südchinesischen Teehäusern als »Pu-Show« angeboten. Hierzulande sind fertige Mischungen ausgesprochen schwer zu bekommen, man muss also auf die Selbstzubereitung zurückgreifen.

1 Pu-Erh-Tee und Weißen Tee zu gleichen Teilen mischen. Teekanne und Teetassen mit heißem Wasser anwärmen.
2 Pro Tasse 1 gestrichenen Teelöffel der Teeblättermischung in die geleerte Kanne geben und mit heißem, aber nicht mehr kochendem Wasser übergießen. Den Tee 3 Minuten ziehen lassen und durch ein Teesieb abseihen.
3 Die Weißtee-Pu-Erh-Mischung kann bis zu dreimal aufgegossen werden.

Rooibos-Apfel-Flip

Die Kombination aus süßlichem Rotbusch und säuerlichem Obst hilft uns in »Krisenzeiten«, wenn wir von Heißhungerattacken auf Süßes bedroht sind, wie etwa am Nachmittag. Möglicherweise gelingt es mit diesem Drink, häufiger die Finger von Schokolade, Kuchen und anderen Süßigkeiten zu lassen. Rotbuschtee kann heiß und kalt getrunken werden. In seinem Heimatland Südafrika wird er gern zu abendlichen »Sundowner-Drinks« verarbeitet. Der Rooibos-Apfel-Flip ist eine gute Alternative zu den vielen fertigen Ice-Tea-Produkten, die im Supermarkt angeboten werden.

Pro Portion

163 kJ/39 kcal
0 g Eiweiß
0 g Fett
8 g Kohlenhydrate
1 g Ballaststoffe
0 mg Cholesterin

Zubereitungszeit

25 Minuten

Für 4 Portionen

- 4 TL Rotbuschkraut
- 1–2 EL Zitronensaft
- 200 ml klarer Apfelsaft
- 2 kleine Äpfel
- einige Eiswürfel

1 Das Rotbuschkraut in eine Kanne geben. 800 Milliliter Wasser aufkochen und über die Teeblätter gießen. Den Tee 3 Minuten ziehen lassen, abseihen und erkalten lassen.

2 Den Zitronensaft in den Apfelsaft rühren. Die Äpfel waschen, Kerngehäuse entfernen und das Fruchtfleisch in dünne Spalten schneiden. Die Apfelspalten in vier Longdrinkgläser verteilen und mit dem Apfelsaft begießen.

3 Die Gläser mit dem kalten Rooibostee auffüllen und ein paar Eiswürfel zufügen.

Im Nu hat man aus einfachem Tee einen köstlichen Drink gezaubert.

Ayran

Pro Portion
372 kJ/89 kcal
4 g Eiweiß
6 g Fett
5 g Kohlenhydrate
0 g Ballaststoffe
15 mg Cholesterin

Zubereitungszeit
15 Minuten

Pfefferminze bleibt im Kühlschrank einige Tage frisch.

Dies ist ein altes Rezept aus dem Kaukasus für ein herzhaft erfrischendes Getränk. Sein Sättigungsgrad ist groß, zudem ist es sehr eiweißreich. In seiner einfachen Version nur aus Joghurt, Wasser und Salz wird es oft in Döner-Kebab-Lokalen angeboten.

Für 4 Portionen

- 300 g Joghurt
- 300 g Kefir
- Salz
- 1 kleines Bund Pfefferminze

1 Joghurt, Kefir und 200 Milliliter Wasser in einem Mixer kurz aufschlagen. Mit Salz würzen. Die Pfefferminzblättchen waschen und hacken.

2 Das Getränk mit Pfefferminze bestreuen.

Jasmintee und Oolong

Jasmintee nimmt geschmacklich viel von der »medizinischen Strenge« des Oolong-Tees. Beide zusammen schmecken luftig, sie eignen sich vor allem als Getränk zu fettreichen oder süßen Speisen.

Eine Mischung aus Jasmintee und Oolong ist eine aromatische Hilfe für unser Wohlbefinden. Während Jasmintee den Zuckerspiegel im Blut senkt, wirkt Oolong cholesterinsenkend und fettaufnahmehemmend.

1 Oolong und Jasmintee zu gleichen Teilen mischen. Regelmäßig 1 Tasse zu den Mahlzeiten trinken.

2 Für 1 Tasse Tee 1 gehäuften Teelöffel der Blättermischung mit heißem, aber nicht mehr kochendem Wasser überbrühen und maximal 3 Minuten ziehen lassen.

3 Dieser Tee kann bis zu dreimal aufgebrüht werden, wobei der zweite Aufguss nur noch 2 Minuten, der dritte nur noch 1 Minute ziehen sollte. Achtung: Der erste Aufguss enthält recht viel Koffein! Der zweite und dritte Aufguss sind koffeinarm.

Impressum

Der Südwest Verlag ist ein Unternehmen der Econ Ullstein List Verlag GmbH & Co. KG, München.

Redaktion:
Dr. Ute Paul-Prößler

Projektleitung:
Alexandra Endres

Produktion:
Manfred Metzger (Leitung),
Annette Aatz

Umschlag:
Werbeagentur Lohmüller, Berlin;
Reinhard Soll

DTP:
satz & repro Grieb, München;
Mihriye Yücel

Druck:
Peschke Druck, München

Bindung:
R. Oldenbourg, München

Printed in Germany

Gedruckt auf chlor- und säurearmem Papier

ISBN 3-517-06306-1

Über den Autor

Dr. Jörg Zittlau studierte Philosophie, Biologie und Sportmedizin. Er arbeitete in der Lehre und Forschung von mehreren Hochschulen. Seit etwa zehn Jahren schreibt er als freier Wissenschaftsjournalist mit Schwerpunkt auf Ernährung und alternative Heilverfahren.

Literatur

Bernhard Watzl/Claus Leitzmann: Bioaktive Substanzen in Lebensmitteln. Hippokrates Verlag. Stuttgart 1995
Jörg Conradi: Psychoaktive Pflanzen. Ludwig Verlag. München 2000
Norbert Kriegisch/Jörg Zittlau: Praxisbuch der gesunden Ernährung. Südwest Verlag. München 2000
Jörg Zittlau: Erfolgreich abnehmen mit Pu-Erh-Tee. Ludwig Verlag. München 1999
Jörg Zittlau: Nicht mehr rauchen und dabei schlank bleiben. Econ Verlag. München 1999

Hinweis

Das vorliegende Buch ist sorgfältig erarbeitet worden. Dennoch erfolgen alle Angaben ohne Gewähr. Weder Autor noch Verlag können für eventuelle Nachteile oder Schäden, die aus den im Buch gemachten praktischen Hinweisen resultieren, eine Haftung übernehmen.

Bildnachweis

Alle Bilder stammen von Barbara Bonisolli, München, außer: Beat Ernst, Basel: 25, 31; Gettyone Stone, München: 7 (Peter Cade), 8 o. (Nick Dolding), 8 M., 20 (Chris Everard); IFA-Bilderteam, München: 8 u. (P. Sinclair), 11 (IPS); Image Bank, München: 4 u. (Juan Silva), 40 (Lars Klove); Photonica, Hamburg: 14 M. (Elke Hesser), 14 u. (Heath Robbins); Südwest Verlag, München: 16 (Michael Holz), 49 (Ute Schoenenburg), 51 (Siegfried Sperl), 52 (Christian Kargl), 53, 70, 73, 94 (Karl Newedel), 35, 57, 60 (Amos Schliack), 79 (Schieren); Zefa, Düsseldorf: 4 o. (David Ashley), 14 o. (Reinhard), 50 M. (Pinto)

Rezeptnachweis

ADAM: 81, 82; Deutsches Teigwaren-Institut: 84; Informationsgemeinschaft Bananen: 77, 79, 87; Kikkoman: 64, 66, 83

Rezeptregister

Apfel-Rettich-Salat 81
Apfelsalat, knuspriger 82
Ayran 94

Bananen-Konjac-Müsli 52
Bananensalat mit Garnelen 87
Bohnen-Bananen-Salat 79
Bohnen-Kartoffel-Salat 86
Buchweizenaufstrich 68
Buchweizen-Kartoffel-Suppe 58

Dinkelfrühstück, herzhaftes 55

Erdbeer-Konjac-Mus 89

Fischhäppchen mit Shiitake-Pilzen 66
Flohsamenkrokant 88
Fruchtsalat mit Garnelen 77
Fruchtsalat mit Zimtjoghurt 51

Gemüseauflauf mit Guar 60
Gemüsetopf, bunter 64
Gram-Dal, gelber 76
Guarkaltschale, fruchtige 89

Haferkleiemuffins 90
Hering mit Gemüse und Galgant 65
Hildegards Habermus 53

Ingwerbrei 54

Jasmintee und Oolong 94
Joghurtsuppe mit Kichererbsen und Minze 69

Kefirbratäpfel 91
Kohlrabisuppe mit Möhrenklößchen 71
Konjachirse mit Mangold und Tomaten 70

Linsenküchlein mit Paprikasauce 62

Misosuppe mit Tofu 72

Nudel-Geflügel-Salat 84
Nudelsalat, indischer 80

Pfannkuchen mit Rhabarberquark 56
Pu-Erh und Show Mee 92

Reis mit Erbsensauce 59
Rooibos-Apfel-Flip 93
Rooibossuppe mit Gemüseallerlei 75
Rote-Bete-Salat 78

Sojabohnenquark 54
Spargel-Tofu-Salat 83
Spinatcreme, indische 61
Steckrübengemüse 57

Tofu mit Liebstöckel und Petersilie 73
Topinamburcremesuppe 74

Sachregister

Apfel 15
Ayurveda 28f.

Ballaststoffe 7,12f., 15, 23, 27, 32

Chitin 12, 15
Chitosan 12, 15
Cholesterinspiegel 12f., 21, 23, 27, 32
Citratlyase 10, 13, 34

Darmpassage, schnellere 9, 12

Enzymhemmung 10
Erbsen 20

Fatburner 6
Fettsäuren, essenzielle 6, 12, 18
Flosamen 13, 22

Galega 24f.
Gallenflüssigkeit 12f., 23
Gallensäuren 9, 21, 39
Garcinia 33
Geißraute 24
Gicht 21, 39
Glucomannan 12, 32
Guarkernmehl 12, 26
Guggulsterone 12, 28
Guggulu 28

Harnsäurespiegel 21, 39
Hydroxy-Zitronensäure 12, 34

Kichererbsen 13, 21
Konjacmehl 12, 31
Krustentiere, Schalen von 12, 15

Lezithin 38
Lipase 10, 12f., 21, 26, 39

Malabar Tamarinde 13, 33
Miso 40, 42
Möhren 35

Nahrungsergänzungsmittel 11, 19

Oolong-Tee 13, 42

Pektine 12, 15, 36
Pflanzenschleime 22
Phytinsäure 38, 41
Psyllium 13, 22
Pu-Erh-Tee 45
Purine 39

Saponine 7, 13, 21, 38
Sojabohnen 13, 37, 41
Sojafleisch 40
Sojamehl 41
Sojamilch 41f.
Sojasauce 40
Sufu 40, 42

Tempeh 40f.
Tofu 40f.

Verdickungsmittel 22, 26